博洛尼亚进程下的瑞典高等教育

An Overview of the Higher Education in Sweden

—Under the Context of the Bologna Process

孟毓焕　编著

北京理工大学出版社
BEIJING INSTITUTE OF TECHNOLOGY PRESS

图书在版编目（CIP）数据

博洛尼亚进程下的瑞典高等教育／孟毓焕编著．—北京：北京理工大学出版社，2017．4

ISBN 978－7－5682－3986－8

Ⅰ．①博…　Ⅱ．①孟…　Ⅲ．①高等教育－研究－瑞典　Ⅳ．①G649．532

中国版本图书馆 CIP 数据核字（2017）第 074305 号

出版发行／北京理工大学出版社有限责任公司
社　　址／北京市海淀区中关村南大街 5 号
邮　　编／100081
电　　话／（010）68914775（总编室）
　　　　　（010）82562903（教材售后服务热线）
　　　　　（010）68948351（其他图书服务热线）
网　　址／http：//www. bitpress. com. cn
经　　销／全国各地新华书店
印　　刷／保定市中画美凯印刷有限公司
开　　本／710 毫米×1000 毫米　1/16
印　　张／18．25
字　　数／207 千字
版　　次／2017 年 4 月第 1 版　2017 年 4 月第 1 次印刷
定　　价／68．00 元

责任编辑／梁铜华
文案编辑／梁铜华
责任校对／周瑞红
责任印制／王美丽

前　言

瑞典地处斯堪的纳维亚半岛东半部，是北欧五国之一，国土面积约为45万平方公里①，2015年人口约为984.5万人。由于瑞典约15%的国土处于北极圈内，年平均气温较低，日照不足，因此大部分土地不适宜农业耕作。然而，就是在这样一片土地上，近百年来，瑞典在经济与社会发展方面取得了举世瞩目的成就。以“高收入、高税收、高福利”为主要特征，瑞典建立起“世界上极少数国家才有的国民养老金制度、全民医疗保障制度、妇女儿童权益保障制度以及完善周到的社会公共服务体系”，创造了大多数社会成员共同富裕的瑞典模式。[1]

瑞典经济高度发达，教育科研水平处于世界前列。近百年来，瑞典创造了沃尔沃（Volvo）、爱立信（Ericsson）、伊莱克斯（Electrolux）、英孚（EF）、利乐包装（Tetra Pak）、ABB、AGA、宜家家居（IKEA）等世界知名品牌。2015年，瑞典国内生产总值达到5 930亿美元，人均国内生产总值为5.9万美元，在“世界经济论坛2016—2017全球竞争力排名”中位列世界第六。[2]根据经济合作与

---

① 1平方公里=1平方千米。

发展组织（Organization for Economic Cooperation and Development，OECD）2015 年发布的教育状况报告，2014 年在 OECD 国家中，年龄在 25～64 岁的成人高等教育率平均达到 33%，其中成年女性接受高等教育的比例平均达到 36%，成年男性达到 31%；而年龄在 25～34 岁的年轻人接受高等教育的比例平均为 40%。在瑞典，以上人群的高等教育普及率远高于 OECD 国家平均水平。2014 年，年龄在 25～64 岁的瑞典成人中 39% 接受过至少两年的高等教育，其中成年女性受高等教育的比例为 45%，成年男性为 33%；而年龄在 25～34 岁的年轻瑞典人接受高等教育的比例达到 46%。[3] 虽然瑞典的人口不足千万，但拥有乌普萨拉大学、隆德大学、皇家理工学院、卡罗琳斯卡学院等享誉欧洲乃至世界的一流大学。这些大学与瑞典工业和企业界紧密合作，为瑞典的科技创新和经济社会发展做出了突出贡献。

瑞典之所以能在全球化竞争中处于领先水平，除了长期稳定的政治经济局面外，很大程度上是由于其高度重视教育发展和科技创新。瑞典的国家战略是“构建知识型国家，成为先进教育和思路的引领者”。瑞典政府始终把高等教育放在国家战略发展的高度，在瑞典，大学和其他高等教育机构的作用是“确保瑞典教育、科研和创新能力处于国际先进水平，促进社会发展和工业进步”[4]。在教育强国战略和欧洲一体化以及博洛尼亚进程的推动下，瑞典政府积极应对，通过改革学位结构、采用欧洲学分体制、下放治学权力、加强高等教育质量保障体制建设、促进高等教育国际交流合作等一系列措施，极大地促进了教育质量提升和国际融合，对中国高等教育建设具有积极的借鉴作用。

然而，与对美国、英国、澳大利亚等教育发达国家的研究相比，中国学术界对瑞典高等教育的研究非常有限，只散落在各个学术期刊的零星论文和考察报告中，且多为重复内容，尚没有对瑞典高等教育的系统研究。为此，在吸取现有瑞典高等教育研究的基础上，本书力图向中国读者展示瑞典高等教育的全貌，并着重突出瑞典的高等教育质量保障体系和博士研究生培养体系，这两方面是瑞典高等教育体系中有别于其他国家、最具代表性的特点，也是造就瑞典教育强国和科技强国的重要手段。

此外，瑞典高等教育的发展是置于全球化背景下的，由于博洛尼亚进程作为欧洲乃至世界高等教育国际化发展的重要推动力之一，对瑞典高等教育体系的塑造起到了至关重要的作用，因此只有在博洛尼亚进程这一框架之下才能更好地理解瑞典高等教育具有的特质。

本书共分四章，第一章主要概述了博洛尼亚进程的历史发展、主要目标体系，以及博洛尼亚进程对瑞典高等教育的影响；第二章全面介绍了瑞典高等教育的现状，包括学位层级与结构、高等教育机构类型、高等院校的学生规模及分布、毕业生数量及学位授予情况、学生毕业率、高等教育入学机会状况、毕业生就业状况、高等教育机构教师与科研人员状况、高等教育费用支出与收入状况、高等教育管理体制、高等教育国际化发展等；第三章以欧洲高等教育区质量保障标准与基本原则为基础，重点剖析了瑞典高等教育质量评估体系及其特点；第四章以博洛尼亚进程下的博士教育为基础，着重分析了瑞典博士教育的培养目标、管理体制、质量控制等。

注释：

[1] 谢慧芳．瑞典的高等教育——历史与现状探讨［J］．外国教育资料，2000（3）：43.

[2] 瑞典国家概况 [EB/OL]. [2016-06-12]. http://www.fmprc.gov.cn/web/gjhdq_676201/gj_676203/oz_678770/1206_679594/1206x0_679596/.

[3] The Swedish Higher Education Authority. Higher Education in Sweden—2016 Status Report (Report 2016: 11) [R]. Sweden, 2016.

[4] Goals and Visions [EB/OL]. [2016-10-08]. http://www.government.se/government-policy/education-and-research/goals-and-visions.

目 录

第一章　博洛尼亚进程概述

随着经济全球化的不断发展，世界范围内的高等教育交流与合作日益频繁，国际化已成为当代高等教育的显著特征。在世界高等教育国际化进程中，“博洛尼亚进程”（Bologna Process）是一个重要推动力。它通过整合欧洲高等教育资源，促进欧盟各国高等教育合作，极大地促进了欧洲各国教育质量的提升和国际融合，在世界高等教育发展中起到了举足轻重的作用。瑞典作为“博洛尼亚进程”参与国之一，其近代高等教育发展受到博洛尼亚进程的深刻影响。了解瑞典高等教育必须先从了解博洛尼亚进程开始。

第一节　博洛尼亚进程历史发展

博洛尼亚进程的正式名称是欧洲高等教育空间（European Higher Education Area，EHEA）。博洛尼亚进程是欧洲区域整合阶段之一，是在欧洲共同体建立促进欧洲经济融合和欧盟成立推进欧洲各国政治合作基础上应运而生的欧洲高等教育深层合作历史发展阶段。该阶段以 1997 年的《里斯本认可公约》为起点，以 1999 年

《博洛尼亚宣言》的发表为标志，以2010年前建立一个欧洲高等教育区域为具体目标。

自1999年至今，博洛尼亚改革进程已推行了十余年之久，期间共举行了7次教育部长会议，会后分别发布了《博洛尼亚宣言》(1999年)、《布拉格公报》(2001年)、《柏林公报》(2003年)、《卑尔根公报》(2005年)、《伦敦公报》(2007年)、《鲁汶公报》(2009年)、《布达佩斯－维也纳宣言》(2010年)。博洛尼亚进程参与国家由最初的29个国家增加至47个，该进程在欧洲乃至全世界范围内影响深远。

一、《里斯本认可公约》

1997年4月8—11日，欧洲委员会（Council of Europe）与联合国教科文组织（UNESCO）在葡萄牙首都里斯本（Lisbon，the Portugal）召开会议，并在会议期间推出了《欧洲地区高等教育资格认可公约》(*Convention on the Recognition of Qualifications Concerning Higher Education in the European Region*)，简称《里斯本认可公约》。这个公约得到与会国家代表的支持后通过。此公约是欧洲地区唯一涉及欧洲地区高等教育的具有约束力的文书，是奠定“博洛尼亚进程”的基础性文件。《里斯本认可公约》设定了欧洲各国学历认可的基本原则，[1]包括：

(1) 一个国家的学历资格可经相关机构认证后在另一签约国家内得到相应认可；

(2) 签约国在任何情况下都不能因性别、种族、肤色、缺陷、语言、宗教、政治意向、国籍、民族或社会背景、财产、出身、社会地位等而歧视对待学历资格申请人。为确保签约国公民都能享有平等待遇，签约国应采取有效措施以确保基于申请者所获得的知识和技能水平进行学历资格评估；

（3）签约国要确保学历资格评估和认证流程的透明度、相关性和公信度；

（4）学历认证不仅要基于获得学历的基本信息和申请者个人提供的资讯，而且签约国的学历认证部门要对提供的学历证明负责，必要时应提供相应证明材料；

（5）签约国应提供与本国高等教育有关的全部信息，以确保各国间的学历互认；

（6）学历互认应确保在有效时限内完成。若未在有效时限内完成学历认证，则认证机关需向申请者提供充足理由和相应信息，使申请者在近期内完成学历认证；对于未在有效时限内完成学历认证且无明确原因的认证机关，申请者可在有效时限内进行申诉；

（7）签约国在没有特别的理由时应该承认其他签约国出具的学历证明，两个国家的学制有明显区别时除外；

（8）签约国应给予外国学生等同于国民待遇的高等教育入学机会，本国和其他国家申请者的入学条件要一致；

（9）签约国应为难民和流动群体提供学历和就业资历证明；

（10）签约国要鼓励本国的高等教育机构为学生颁发《文凭说明书》。《文凭说明书》是欧盟、欧洲理事会与联合国教科文组织共同设计的旨在具体描述文凭内容的解释性文件。

此外，《里斯本认可公约》还对学历评估认可实施机制等细节进行了规定。与以往欧洲地区教育资格认可的公约相比，《里斯本认可公约》的内容更加全面详细，从原则和法理上承认了各国高等教育资格的有效性和互通性。公约在最大程度上以尊重知识、人才为基础，消除了地域和政治意见不同造成的人才流动障碍。公约既承认了各国之间的教育差异，又努力构建了各国学历资格互认的条件，强调了申请者个体、认证机构在学历资格互认中的权利和责任，对各签约国在确保资格互认中应承担的义务做出了详细规定，并设定了实施机制，具有可操作性。虽然公约对各国教育主权提出了巨大挑战，但因其基于平等、公开和互信原则，且具有较具体的实施条款，所以先后得到了欧洲国家的认可。公约的签字国除了欧盟国家外，还包括非欧盟国家，其影响超越了欧洲地域的作用。《里斯本认可公约》是欧洲地区关于教育资格认可的综合性公约，其制定和实施对欧洲地区消除人员流动的政策、法律和其他结构性障碍有重要的促进作用。[2]《里斯本认可公约》为欧洲高等教育区域的整合奠定了法律基础，并为全球范围内高等教育的交流与合作创造了制度条件。

二、《索邦宣言》

1998 年 5 月 25 日，在庆祝巴黎 - 索邦大学建校 800 周年的纪念会上，法国、英国、德国、意大利四国教育部长联合发布了《建设和谐的欧洲高等教育体系之联合宣言》（*Joint Declaration on Harmonization of the Architecture of the European Higher Education System*），即《索邦宣言》。

《索邦宣言》首次提出了“欧洲高等教育区”的概念，认为建立一个“开放的欧洲高等教育区有利于促进欧洲各国人员流动和更紧密的合作”，而这需要欧洲各国共同努力消除障碍，构建一个在欧洲范围内能够被普遍认可的“教与学基本框架体系”[3]。

为实现这一宏伟计划，《索邦宣言》提出了如下预定目标：

（1）构建的框架体系应使欧洲各国的本科和研究生教育具有国

际可比性和对等性；

（2）建立欧洲学分和学制体系，促进学生在欧洲范围内自由流动，提升其在欧洲各国的学习和就业能力；

（3）创造条件，使学生在欧洲范围内获得跨学科学习的机会；

（4）通过增强欧洲各国教育体制对等的灵活性，促进学生、教师及科研人员的国际流动。

欧洲国家间的合作与交流虽早已开展，但以往的交流合作却缺乏长远规划。因为《索邦宣言》为欧洲各国教育学历互认及未来合作发展构建了宏伟蓝图，且符合欧洲一体化进程的需要，所以深得欧洲各国高等教育机构的认同，为欧洲高等教育的进一步融合奠定了基础。

三、《博洛尼亚宣言》

1999 年 6 月 19 日，欧洲 29 个国家在意大利博洛尼亚举行了会议，签署了《博洛尼亚宣言》（*the Bologna Declaration*），确定了在 2010 年前建立“欧洲高等教育区”的发展目标，博洛尼亚进程应运而生。

《博洛尼亚宣言》充分肯定了《索邦宣言》的既定目标，即建立“欧洲高等教育区”，认为这一目标对提升欧洲教育竞争力具有重要意义。为了实现这一目标，《博洛尼亚宣言》提出了具体的实施策略，主要包括以下几个方面：[4]

（1）推广易读的、可比的学位体系，并通过采用《文凭补充说明》（the Diploma Supplement，DS），提高欧洲公民的就业能力，增强欧洲高等教育系统的国际竞争力；

（2）采用两阶段高等教育体系，即本科生和研究生系统。学生在本科阶段至少要攻读3年，完成本科阶段学业后方可升入研究生阶段。本科阶段授予的学位需与欧洲劳动市场相关，能够作为合适的就业资格证明。第二阶段的教育应与大多数欧洲国家采用的做法一样，即完成学业后能够获得相应的硕士学位或博士学位；

（3）建立学分制体系，如欧洲学分积累与转换系统（European Credit Transfer System，ECTS），促进学生在更大范围内广泛流动。学分也可在非高等教育系统内获得，包括终身学习，只要为相应的大学接受即可；

（4）消除障碍，摒除偏见，促进相关人员在欧洲范围内自由流动，使学生能够获得在欧洲范围内学习、培训和享受相关服务的机会；使教师、科研人员和行政人员能够在欧洲其他国家进行教学、科研和培训等活动；

（5）建立一套通用可比的标准和方法，促进欧洲高等教育质量保障机构间的合作；

（6）构建必要的欧洲高等教育标准（European Dimensions in Higher Education），特别是在课程开发、院校合作、流动计划，以及关于学习、培训和科研等综合项目方面，应着重加强标准的建立。

《博洛尼亚宣言》进一步明确了“欧洲高等教育区”的概念，为构建“欧洲高等教育区”制定了较为具体的战略方案，涵盖了学位、学制、学分、质量标准、人员流动等高等教育的多个方面，使“欧洲高等教育区”不再是一个抽象概念，而是一个能够实施的工作目标。由于其具有较为系统合理的战略设想，所以签约国达到了29个，这使得参加欧洲高等教育区的意向国由4国扩展为29国，辐射范围超乎想象。从这个意义上来讲，《博洛尼亚宣言》进一步推动了欧洲的一体化进程，引发了欧洲高等教育一场空前绝后的深刻改革，至此，博洛尼亚进程正式拉开序幕。

四、《布拉格公报》

在《博洛尼亚宣言》发布的两年后，即2001年5月，欧洲高等教育部长齐集捷克布拉格，共商欧洲高等教育发展，形成了《欧洲高等教育区域》《欧洲高等教育机构萨拉曼卡会议决议》《哥德堡会议决议》等文件，签署了《迈向欧洲高等教育区域——布拉格欧洲高等教育部长会议公报》（*Towards the European Higher Education Area—Communiqué of the Meeting of European Ministers in Charge of Higher Education in Prague*），即《布拉格公报》。本次会议后，博洛尼亚签约国达到了32个。

《布拉格公报》重申了2010年前建成欧洲高等教育区的目标，对《博洛尼亚宣言》提出的工作目标完成情况进行了回顾，并对其提出的六个实施步骤进行了进一步细化。关于建立易读的和可比的学位制度方面，公报提出加强高校和欧洲国家层面的密切合作，构建“能够反映多样化学位资格的简单、有效、公正的认证制度”[5]，促进课程、学位以及其他项目的学术和专业认证。这使得建立可比学位制度目标的实操性更强，也为日后欧洲高等教育标准的确立奠定了基础，促进了欧洲乃至世界范围内的学术交流融合。

此外，布拉格欧洲高等教育部长会议还着重讨论了高等教育两个主要学位阶段的课程问题、加强流动性问题和质量保障方面的问题等，并形成了以下三个方面的共识：

（1）提出了终身学习的理念，认为终身继续教育是欧洲高等教育区的重要组成部分。这意味着，终身学习首次被纳入博洛尼亚进程。这是面向知识社会和知识经济发展、迎接新兴技术变革挑战、提升欧洲社会凝聚力、增加教育机会均等的重要发展策略。这对欧洲高等教育的长远发展和欧洲社会的进一步融合具有重要意义。

（2）将高校和学生纳入欧洲高等教育区建设的队伍中来，认为高校和学生是促进欧洲高等教育区建设的重要力量。没有高校和学生的参与，欧洲高等教育区建设等同空谈，只有把高校和学生纳入进来，才能使欧洲高等教育区建设目标落地生根。这一理念的提出不仅使博洛尼亚进程更加深入人心，也扎实推进了欧洲高等教育改革。

（3）将致力于提高欧洲高等教育在国际上的吸引力。这需要建立“共同的学位资格框架、共同的质量保障体系和学位认证机制”[6]。欧洲高等教育区的建设不仅面向欧洲公民，也面向世界各国的公民，这是提升欧洲高等教育国际竞争力的终极目标，也是重振欧洲高等教育在世界教育领域雄风的战略目标。这一理念的提出打破了长期以来被美国独占的世界教育格局。

五、《柏林公报》

2003 年 9 月，博洛尼亚进程的第三次两年度欧洲教育部长会议在德国柏林召开。会上发布了《实现欧洲高等教育区域——柏林欧洲高等教育部长会议公报》（*Realising the European Higher Education Area—Communiqué of the Conference of Ministers Responsible for Higher Education in Berlin*），简称《柏林公报》。签约国数量进一步增加，达到了 40 个。

在总结前两次会议目标实施效果的基础上，《柏林公报》从保障质量、改革学位结构、促进流动性、建立学分系统、进行学位认证、提高高校和学生的参与度、建立欧洲高等教育标准、提升欧洲高等教育区的吸引力、保障终身学习等九个方面回顾了在推进欧洲高等教育区建设的过程中取得的成就和出现的问题。公报特别强调，提高质量保障是建设欧洲高等教育区的核心，并指出，在加强欧洲标准和方法制定的同时，应坚持高校的自主性，明确其在质量保障过程中应承担的基本责任。这是博洛尼亚进程历次会议中首次明确质量保障的建设目标。欧洲高等教育区不是低门槛，而是依靠高质量的教育标准吸引欧洲各国参与，树立欧洲标准，确立欧洲高等教育在世界教育领域的领先地位。

在促进流动性和加强欧洲高等教育区吸引力方面，公报提出了更为具体的实施建议，包括“采用必要的步骤来增加国家的相关贷款和助学金的数量”“发展面向第三国学生的奖学金项目”等。[7]

更为重要的是，《柏林公报》首次将博士教育阶段纳入了博洛尼亚进程。公报强调，欧洲高等教育区和欧洲研究区（European Research Area）是建设知识型社会的两大支柱，有必要在两级学位体系基础上纳入博士教育阶段，这是因为增强研究及研究训练和跨学科能力是持续提高欧洲高等教育质量和国际竞争力的重要手段。为此，公报呼吁欧洲各国增强博士和博士后教育阶段的流动性和教育科研合作。这一目标的提出，使得欧洲高等教育区建设范围更加完善，全面涵盖了高等教育的三个层级，将欧洲高等教育改革和融合推向了新的高潮。

六、《卑尔根公报》

2005 年 5 月，欧洲高等教育部长会议在挪威卑尔根召开，签署发表了《欧洲高等教育区——践行目标：欧洲高等教育部长会议公报》(*The European Higher Education Area—Achieving the Goals*：*Communiqué of the Conference of European Ministers Responsible for Higher Education*, *Bergen*)，简称《卑尔根公报》。在此次会议上，博洛尼亚进程参与

国又增加了5个，欧洲高等教育区建设成员国发展到了45个，博洛尼亚进程的影响范围进一步扩大。

《卑尔根公报》强调了在欧洲高等教育区建设过程中的各参与国、各高校的合作关系，鼓励高校改革创新，在博洛尼亚进程中发挥更大的作用。在欧洲高等教育区建设过程中，既要调动政府、教育机构的积极性，又要充分发挥社会各界特别是企业界的作用，以使博洛尼亚进程深入学校、社会、企业各个层面，只有这样，欧洲高等教育区建设目标才能实现。这一理念的提出使得博洛尼亚进程的影响进一步深入欧洲社会的更广泛层面。博洛尼亚进程源于欧洲经济政治一体化的需要，反过来又促进欧洲经济社会的融合和发展。

公报还确立了欧洲高等教育改革的重点，主要包括三个方面：[8]

一是推进学位系统的改革。加强两级学位（本科和研究生）系统的过渡，增强学士学位阶段毕业生的就业能力，加强政府、高校和其他利益相关者之间的对话与合作，促进高等教育与就业市场的有效衔接。采纳欧洲高等教育区三级学位资格框架，改革本国学位资格体系，到2010年普遍建立起符合欧洲高等教育区学位框架的体系。

二是加强质量保障体系的建设。增强高校内部与外部质量保障机构的沟通协作，提升学生和国际组织的参与程度，依照欧洲高等教育质量保障协会提出的欧洲高等教育区保障标准和基本原则，制定切实可行的实施方案。

三是推动学位和学习期限的认证。加强政府、高校以及其他机构间的信息共享和交流合作，推进与国外学位资格的互认进程，特别是促进对以往学习期限的认定，包括通过正规和非正规渠道获得的学习经验，将其作为高等教育课程的重要元素。

此外，《卑尔根公报》还指出了欧洲高等教育未来发展面临的挑战和优先发展领域。首先，人员流动仍是博洛尼亚进程中面临的巨大挑战，也是今后应着重加强的方面，这是因为只有人员流动才能促进欧洲高等教育的真正融合，才能促进欧洲高等教育区建设其他目标的实现。为此，各国应采取联合行动，包括提供贷款、助学金，克服申请签证方面的流动性障碍，鼓励学生和教师增加国际阅历，扩展国际视野。其次，因为科研和科研训练在提升欧洲高等教育区的吸引力和竞争力方面发挥着重要作用，所以需要加强高等教育第三层级中的博士教育。这需要在教育阶段着重提高博士生的跨学科能力和知识迁移能力；在科研训练方面，着重提升博士生的原创性科研能力。而且，要大幅提高欧洲高等教育区内致力于学术研究的博士数量，其中既包括学生，也包括年轻的研究者。这是在《柏林公报》基础上对博士生教育一体化进程的进一步阐述，目标更明确，立意也更高远，体现了欧洲各国对推动欧洲高等教育区建设目标的进一步认同。最后，加强欧洲高等教育区对外部的吸引和辐射作用不容忽视，这是对《布拉格公报》提出的欧洲高等教育区吸引力的进一步呼应，明确声明，“欧洲高等教育区是世界高等教育体系的一部分”[9]。因而，博洛尼亚进程不仅是一个欧洲系统，更是一个向世界开放的体系，这奠定了博洛尼亚进程在世界教育体系中史无前例的重要地位。

七、《伦敦公报》

2007 年 5 月，参与博洛尼亚进程的欧洲各国教育部长齐集英国伦敦，发布了《伦敦公报——向欧洲高等教育区迈进：在全球化视野中应对挑战》（*London Communiqué—Towards the European Higher Education Area: Responding to Challenges in a Globalised World*）。

《伦敦公报》全面总结了自 1999 年推进博洛尼亚进程以来，欧洲各国在消除流动障碍、促进欧洲各国学生和教师流动，改革学位体系、推进三级学位体系建设，互认学制和学分，构建普遍认可的高等教育学历认证框架、终身学习体系和加强高等教育质量保障等六个方面取得的初步成效。

同时，公报也指出了存在的问题和不足。在促进流动性方面，各国在移民、资格互认、学分互换和津贴制度方面缺乏灵活性和弹性，也存在资金问题；在学位体系建设方面，需要重点加强学生入学和各个阶段之间的衔接；在学分互换系统和文凭颁发方面，各国虽有进展，但各国和高校实施认证的步骤有待统一；在学历认证框架建设方面，需要增强各成员国和高等教育机构之间的可比性和透明度；在推进终身学习理念方面，虽各成员国具有弹性学习方面的基础，但作为终身学习重要途径的弹性学习体系尚未建立起来等。[10]

《伦敦公报》重申了建立欧洲高等教育区的初衷，即“在欧洲多元文化和高等教育多样性基础上构建具有吸引力、竞争力和可比性的欧洲高等教育区，为知识社会的可持续发展提供智力支持”。[11]

《伦敦公报》是博洛尼亚进程开展以来对各参与国实施状况的第一次全面回顾与总结，矫正了发展中存在的一些问题，为欧洲高等教育区未来的良性发展指明了方向。

八、《鲁汶公报》[12]

2009 年 4 月，由荷兰、比利时、卢森堡联合主持的博洛尼亚进程第六次欧洲高等教育部长会议在比利时鲁汶举行，发布了题为《博洛尼亚进程 2020 年发展目标——欧洲高等教育区未来十年展望》

(*The Bologna Process* 2020—*The European Higher Education Area in the New Decade*)的欧洲教育部长公报，简称《鲁汶公报》。此次会议全面梳理了博洛尼亚进程十年以来取得的成绩，并提出了博洛尼亚进程未来十年、即2020年的发展目标。

《鲁汶公报》充分认识了欧洲高等教育面临的挑战：①欧洲人口老龄化日益加剧带来的挑战。这需要发挥所有公民的智力和能力，努力践行终身教育理念，扩大高等教育参与范围；②全球化和技术革新加速发展带来的挑战。这需要高等教育促进以学生为中心的学习方式和人员流动，以增强学生适应不断变化的劳动力市场的能力；③全球金融与经济危机带来的挑战。这需要欧洲高等教育有足够的活力和弹性，在教育与科研相结合的基础上努力创新。为了应对这些挑战，各国都需要高等教育发挥核心作用。

会议认为，过去十年，在博洛尼亚进程的推动下，欧洲高等教育体系更加具有兼容性和可比性，使得教师和学生的流动更加容易，欧洲高等教育区的吸引力逐步辐射到欧洲以外的区域。然而，这并不意味着博洛尼亚进程的建设目标都已实现并终止，而是在2010年之后，欧洲、国家和高校层面的所有政策仍将继续实行。

面对各种挑战，《鲁汶公报》展望2020年，提出欧洲高等教育未来十年的优先发展目标，力争在各方面实现卓越。这些目标包括：

(1)保障高等教育入学机会和毕业机会均等。欧洲高等教育应面向各个社会群体，特别是加大弱势群体的受教育机会。这需要改善学习环境、消除学习障碍、创造适当的经济条件，使社会各层次的学生获得同等的学习机会。

(2)深入贯彻终身学习理念。终身学习是欧洲高等教育体系的重要组成部分，涉及资格的获得、知识的拓展、新技能的习得等，这些可以通过业余学习和工作积累等弹性学习途径实现。终身学习理念的落实不仅依靠学习者的自发行为，而且也需要政府、国家层面相应政策和经费的支持。同时，从国家层面构建终身学习资格框架体系是实现终身学习目标的重要步骤。

（3）提高学生的就业能力。高等教育不仅为学习者提供资格证书，还使其具备知识技能，能够很好地适应未来多变的劳动市场需求。这需要高等教育与市场有效结合，力争培养劳动市场需要的复合型人才。要做到这一点，政府、高校、企业就必须通力合作，共同为学生提供有效的就业政策、就业指导和高质量的就业环境。

（4）改革课程设置，改善教学模式，实现欧洲高等教育向以学生为中心、以学习结果为导向的质量转变。以学生为中心的教学理念需要充分调动学习者个体的主动性，采用新的教学方法，提供有效支持，使三级学位课程设置以学习者的视角进行重构。在这一过程中，政府、高校和企业的紧密合作十分重要，以确保欧洲高等教育质变中的高质量保障标准被严格实施。

（5）强化高等教育的研究和创新内涵，加强博士阶段教育。因为包括应用技术在内的高等教育项目能够促进社会变革和科技创新，使更多的人员具备科研能力，所以高校和政府部门应该提供大力支持，为博士生提供高质量的研究训练，通过交叉学科和跨部门学科教育提高他们的能力。

（6）进一步扩大开放，加强跨国教育。鼓励欧洲高等教育机构积极开展国际交流合作，增强欧洲高等教育区的吸引力和开放度，使欧洲高等教育在全球化浪潮中始终处于领先地位。跨国教育的发展应遵循欧洲质量保障标准和指导原则，以及联合国教科文组织有关跨国教育质量保证方面的各项规定。

（7）促进人员流动，增强欧洲高等教育的国际化元素。在高等教育的三个层级——本科、硕士和博士层面大力推动人员流动，力争到 2020 年欧洲高等教育区至少有 20% 的学生有国外学习或培训的经历。加强与世界其他地区的交流与合作，开展联合学位和联合项目，进一步减少结构性障碍，加大助学贷款和资金投入，改善就业环境，创造就业渠道，实施国际化教师招聘计划，促进欧洲高等教育区各级教师、学生和研究人员的广泛流动。

（8）加强数据收集，以监测博洛尼亚进程各项目标是否得到有效实施。

（9）构建多维信息共享机制和工具，使欧洲高等教育区信息透明，促进质量保障和认证制度的实施。

（10）拓宽资金渠道，加大资金投入，在公共财政方面优先保障高等教育均等入学机会和高校可持续自主发展。

《鲁汶公报》是在世界科技经济进一步发展、全球面临金融危机的条件下，为确保欧洲高等教育和欧洲经济社会可持续发展所做出的积极应对，对推动博洛尼亚进程和欧洲乃至世界教育发展具有深远意义。

九、《布达佩斯－维也纳宣言》[13]

2010 年 3 月 11—12 日，博洛尼亚进程签约国教育部长齐集布达佩斯和维也纳，按照《博洛尼亚宣言》的设想，共同启动了欧洲高等教育区，发布了《关于欧洲高等教育区的布达佩斯－维也纳宣言》（*Budapest-Vienna Declaration on the European Higher Education Area*），简称《布达佩斯－维也纳宣言》。至此，经过十年的努力，欧洲高等教育区正式建立。

《布达佩斯－维也纳宣言》概括了自 1999 年《博洛尼亚宣言》

发布以来，欧洲高等教育发展取得的突出成就，共有47个成员国加入欧洲高等教育区。在各国政府、高等教育机构、学生、教师、企业、质量保障机构、国际组织等多方位合作下，通过一系列深刻改革，如期建成了一个以互信、合作、尊重的多元文化、多种语言和多样性高等教育体系为特征的欧洲高等教育区。

宣言高度评价了博洛尼亚进程对推动欧洲和世界高等教育发展起到的卓越作用，认为博洛尼亚进程及其产生的欧洲高等教育区为高等教育区域和跨境合作树立了史无前例的榜样，引起了世界各地的广泛关注，确立了欧洲高等教育在世界高等教育格局中的显著地位。

面向未来，《布达佩斯－维也纳宣言》强调继续加强各国政府、高校、学生、教师和其他利益相关者之间的合作，致力于完成《鲁汶公报》设定的2020年远景目标，进一步促进欧洲区域人员流动，提高学生的就业能力，提升高等教育质量，加强与社会各界的对话，使博洛尼亚进程更加深入人心。

第二节　博洛尼亚进程目标体系

经过十余年的努力，欧洲各国依据《博洛尼亚宣言》和历次教育部长会议公告提出的发展方案，通过一系列深刻改革，基本实现了博洛尼亚进程初期设定的各项目标，创建了欧洲高等教育区，欧洲高等教育合作和融合空前紧密。在对博洛尼亚进程发展历史进行总结梳理的基础之上，以下将着重分析博洛尼亚进程的主要目标体系，以便读者更好地理解瑞典高等教育的显著特征。

一、构建欧洲区域学位体系

1999 年，博洛尼亚欧洲高等教育部长会议提出了构建一个欧洲范围内具有易读、可比性的学位资格框架体系。2003 年柏林会议重申了这一议题，指出普遍采用《文凭补充说明》有利于构建透明、灵活的欧洲学位资格框架体系。2005 年卑尔根会议采纳了构建欧洲高等教育区学位资格框架（the Framework for Qualifications of the European Higher Education Area）的初步构想，提出了三级学位资格体系，承诺到 2010 年博洛尼亚进程的各成员国将参照其形成国家学位资格框架。2007 年伦敦会议重申了构建国家学位资格框架的重要性。

这一学位资格体系应包括三级学位阶段——本科、硕士和博士，能够对每个学位阶段的学习结果、能力要求、学时等基础水准有一个总体的界定。[14] 这个学位资格体系的设计应有利于欧洲高等教育区的资格互认和兼容，能够促进欧洲区域内师生的流动和就业能力的提升。[15]

欧洲高等教育区学位资格框架根据学习结果和能力要求，将学位分为学士、硕士和博士三个阶段。学士和硕士阶段有学分要求，博士阶段没有学分要求。

欧洲高等教育区学位资格框架从“知识掌握和智力能力水平”“知识应用和智力能力水平”“人际交往能力高低”“进行终身学习的学习独立性”“推动文化技术创新能力”等多个角度，对三个阶段的目标做出了要求，从学习结果和学分上进行了清晰的界定。

概括来讲，第一阶段的学士学位，需要掌握常规条件下的专业知识和技能，能够将所学知识应用到实际工作中，解决相关问题，并具备更高层次和水平的自主学习能力。第一阶段要求获得180～240个欧洲学分。第二阶段的硕士学位，需要在非常规条件下运用专业知识和技能，能够在信息不完整或者有限的情况下，处理复杂问题并提出相关见解，具备自立、自主的持续学习能力。第二阶段的学分要求为90～120个欧洲学分，最低为60个欧洲学分。第三阶段的博士学位，需要掌握本领域的研究方法，具有相关研究能力，能够以原创性研究促进知识扩展，并具备在学术和职业环境中，推动技术、社会、文化进步的能力。这一阶段没有具体的学分要求。[16]

这一区域学位资格体系的建立增强了欧洲各国学位资格的可比性和兼容性，有利于促进欧洲和世界范围内的人才流动和跨国教育。

二、构建欧洲高等教育质量保障体系

由于博洛尼亚进程的终极目标是增强欧洲高等教育的吸引力和国际竞争力，因此提高教育质量是整个进程的核心任务，构建欧洲高等教育质量保障体系有利于促进欧洲各国学历互认、增强可比性，是提升欧洲高等教育质量的必要途径。

1999年，《博洛尼亚宣言》提倡在欧洲范围内建立通用可比的标准和方法，以促进高等教育质量保障的合作，其后一系列会议公报推动了欧洲高等教育质量保障体系的建设。2001年，布拉格欧洲部长会议呼吁在欧洲范围内建立普遍认可的、包含评估和认证机制的质量保障体系，鼓励高校、其他教育机构、政府部门、质量保障协会等社会各界通力合作，促进欧洲范围的质量保障合作。2003年，柏林欧洲部长会议强调制定质量保障共享标准和方法，促进高校、国家和欧洲范围内的质量保障体系建设；并指出到2005年建成的国家层面质量保障体系应包含质量保障相关实体的责任、项目或机构的评估方法、认证系统和认定或对比流程、国际化参与程度及国际合作状况等因素。[17] 这为欧洲高等教育质量保障体系的建设提供了重要参照。2005 年，卑尔根欧洲部长会议采纳了欧洲高等教育质量保障协会起草的《欧洲高等教育区质量保障标准与基本原则》，力图建立一个欧洲范围内的高等教育质量保障机构，实行通用的质量评估标准，并要求欧洲各国在 5 年内完成第一轮质量评估工作。2007 年，伦敦欧洲部长会议提出设立欧洲高等教育质量保障机构登记处（European Register of Quality Assurance Agencies，ERQAA），以使利益相关者和公众能够得到可靠质量保障机构的客观信息，增进对欧洲高等教育质量保障体系的信赖和程序认知程度。

欧洲高等教育质量保障体系分为三个层级：欧洲高校内部质量保障体系、高校外部质量保障体系和外部质量保障机构保障体系。每个层级的质量保障体系都从质量保障的政策和程序的系统性、决策活动的标准性、质量评估的规范性、信息的公开性等几个方面依据不同的主体制定不同的标准要求。[18] 在这个三位一体的质量保障体系中，高校是实施和检验质量保障体系的主体单位；政府机构是质量保障活动的组织者和监测者；外部质量保障机构是质量保障的支持者，为高校开展质量评估和系统分析提供智力和程序支持。

三、构建欧洲终身学习资格框架

从 2001 年的布拉格欧洲部长会议开始，终身学习已成为博洛尼亚进程发展的重要目标之一。《布拉格公报》强调，要建立一个知识型社会或者知识欧洲，实施终身学习战略是非常必要的，它有助于欧洲社会迎接竞争和新技术的挑战，能够促进社会融合、机会均等以及生活质量的提高。2003 年，柏林欧洲部长会议强调了高校在实现终身学习战略中起到的重要作用，提议将终身学习纳入欧洲区域学位资格框架体系之中，以使全体公民遵循终身学习的途径，增加接受高等教育的机会；2007 年，柏林欧洲部长会议认为构建系统弹性的终身学习途径至关重要；2009 年，鲁汶欧洲部长会议声明终身学习应包含资格的获得、知识的扩展、技能的提升或个体的自我发展等要素。

欧洲终身学习资格框架（European Qualification Framework for Lifelong Learning，EQF）是欧洲高等教育区的第二个总体资格框架。它由欧盟委员会提出，并由欧洲议会和欧盟委员会主席在 2008 年签署。欧洲终身学习资格框架是一个欧洲通用的、与国家学位资格框架密切相关的参考框架，是高等教育范畴的延伸和有机组成部分。其目标是促进欧洲各国学位资格的互认，构建欧洲知识社会，促进公民在欧洲范围内的自由流动和就业市场的改善。

欧洲终身学习资格框架基本涵盖了一个国家教育体系的全部范畴，包括基础教育、高等教育和职业技术教育与培训。按照每个教育阶段应达到的知识水平、技术水平和能力水平，这个框架将终身教育分为八个等级，从第一等级完成义务教育开始，至最高等级，即第八等级博士毕业或具有博士同等学力，其中六至八级与欧洲高等教育区的三级学位（学士、硕士、博士阶段）体制相适应。[19] 终身学习资格框架是一个基于个体知识习得规律、参照高等教育体系、结合雇主对从业者能力提升需求的角度而设计的框架体系，符合个人成长需要，是应对知识社会对新知识、新技能不断突破的有效措施，是确保欧洲区域在全球化竞争和新技术挑战中立于不败之地的有力保障。从这个意义上来说，欧洲终身资格框架是博洛尼亚进程中最具创新性和影响力的成果，它为欧洲乃至世界的可持续发展提供了解决方案。

四、促进人员流动

1998 年，《索邦宣言》明确了建立欧洲高等教育区的一个主要目标就是促进人员流动，加强欧洲各国教育合作。1999 年，欧洲部长会议将促进人员流动纳入博洛尼亚进程的目标，要求欧洲各国消除障碍，促进学生、教师、科研人员在欧洲范围内自由流动，使公民获得更多的受教育和就业机会。2001 年，布拉格欧洲部长会议重申，促进学生、教师和科研人员流动至关重要，会议督促欧洲各国政府进一步加强合作，消除结构障碍，并邀请欧洲议会起草并发布了《流动行动计划》。2003 年，柏林欧洲部长会议强调学生、教研和行政人员的自由流动是构建欧洲高等教育区的基础，对推动欧洲文化、政治、社会和经济融合与发展具有重要意义。2005 年，卑尔根欧洲部长会议提议通过发放助学贷款和奖学金等措施促进人员流动，推动跨境高等教育，以增强欧洲高等教育区的对外吸引力。2007 年，伦敦欧洲部长会议再次强调促进人员流动是博洛尼亚进程的主要目标之一，鼓励各国政府继续合作，通过改革移民政策结构、开发联合学位和专业项目、增设社会弹性课程等措施推动欧洲高等教育区学生和教职人员的流动。2009 年，鲁汶欧洲部长会议将促进人员流动纳入欧洲高等教育区未来十年发展的战略目标，计划到 2020 年欧洲高等教育区内至少有 20% 的人员有国际交流经历。

由此可见，促进人员流动一直是博洛尼亚进程的首要目标。人员流动有利于提升欧洲高等教育质量和科研水平，有利于加强欧洲高等教育的学术与文化国际交流合作，有利于增强欧洲社会多元文化的包容能力，有利于促进欧洲高等教育机构间的合作与竞争，有利于在有限的地理区域内创造更多的就业机会，繁荣经济，最终提高欧洲区域的吸引力和竞争力，确保欧洲社会的可持续发展。

第三节 博洛尼亚进程下瑞典高等教育战略举措

在博洛尼亚进程的推动下，欧洲高等教育区各成员国都采取了积极的改革措施，以应对博洛尼亚进程带来的挑战和冲击，以便更好地融入欧洲高等教育区，在区域建设中寻求实现国家教育战略和民族复兴的机遇。瑞典作为博洛尼亚进程的参与国之一，通过积极改革学位结构、下放治学权力、加强教育质量保障和国际交流等措施，极大地促进了教育质量的提升和国际融合，对中国高等教育建设具有积极的借鉴作用。

一、改革高等教育学位结构，适应欧洲标准

在欧洲区域学位资格框架体系下，为了保证与欧洲各国的教育体系对等和学分互换，使瑞典高等教育学位在国际上更具可比性和吸引力，瑞典政府对原有学位结构进行了改革，将原来的两级学位制改为三级学位制，从 2007 年 7 月 1 日起实行了新的学位结构，并采用欧洲学分制。[20]

在瑞典高校中，所有课程和专业设置都按照三级学位等级来布局。根据每个等级的知识水平、能力要求和就业趋向，每级学位资格又分为三种类型：一般性学位资格；美术、应用与表演艺术学位资格；专业学位资格。由于每种学位资格设定的预期目标不同，因而学分要求也不完全一样，从而导致学制长短也有区分。一般来说，

第一级学位学制为 3 年，第二级学位学制为 1 ~2 年，第三级学位学制为 2 ~4 年。

通过改革学位结构，瑞典高等教育学位与欧洲及世界其他国家的学位结构相比更具可比性和透明性，对促进区域学生教师流动、扩大留学生招生规模，以及满足不同就业市场需求都起到了积极作用。

二、改革高等教育管理模式——从中央集权到地方分权

当代瑞典高等教育发展可划分为三个阶段：

第一阶段为 1950—1977 年，瑞典政府大力支持新建大学和私立大学学院，其目的是使瑞典公民享有更多接受高等教育的机会。新型大学兴起和大学大规模扩招是这一时期的主要特点。为了解决扩招带来的诸多问题，政府成立了专门机构进行统筹解决。

中央集权模式在第二阶段（1978—1992 年）得到了进一步加强。这体现在统一的院校组织架构、统一的招生制度、高度集中的国家课程体系开发模式等方面，达到了合理分配资源、确保质量无差别的高等教育目标。然而，公共服务效率低下导致民众对高度集中的高等教育管理模式产生怀疑，要求权力下放。1977 年，瑞典政府开始改革，逐渐下放权力，设立董事会和委员会等中介机构来协助政府对高等教育进行管控。[21]

第三阶段（1993 年及以后）的改革，是权力进一步下放。这一时期，政府将大多治理权力下放到高校，如机构设置、资源分配、课程设置、教授聘用与评定等都由大学内部的管理董事会决定。不过，政府仍从教育经费分配上来调控高等教育。政府拨给第一和第二等级高等教育机构的经费额度取决于每一等级的招生人数和学生

获得的学分，而第三等级的教育和科研经费主要依据以往的拨款额度进行拨付。从 2009 年开始，政府给第三等级高等教育机构的拨款额度主要参照两个质量指标：一个是论文发表数；另一个就是论文引用率。这种从“规则导向”到“目标导向”的管理模式转变，提高了对高校绩效的要求，有利于高校自发改善运营、提高教育质量。[22]

下放政府管理权力、充分发挥大学自主权，是瑞典政府积极响应博洛尼亚进程的有力举措，极大地促进了高校按照欧洲高等教育区的目标不断完善自我、发展自我，从而推动瑞典高等教育的持续发展。

三、规范质量保障体系建设，促进教育质量全面提升

在博洛尼亚进程的推动下，为保证教育质量，1995 年瑞典政府成立了国家高等教育局（National Agency for Higher Education，现为 the Swedish Higher Education Authority，即“瑞典高等教育署”），专门负责高等教育机构质量管控。在其主持下，瑞典高等教育机构已开展了三轮全国范围的高等教育质量评估。

第一轮评估（1995—2001 年），主要侧重对高等院校内部质量保障体系设计，包括自身战略目标，实现途径、方法等具体质量保障程序的评鉴。

第二轮评估（2001—2007 年），注重对高等教育机构学科专业的评估。此次评估覆盖所有类型学位，期间共对 76 个学科专业领域进行了 1 700 多次评估，主要测评高等院校对如性别平等、国际化水平等具体教育专题的质量保障能力。[23]

第三轮评估（2011—2014 年），依据博洛尼亚原则上建立的新

学历资格条件，对高等教育机构学位授予权限审核、高校内部质量保障体系审计、取得学位资格所必需的学术表现评价等方面进行评估，没有满足相应评估标准的高校将被吊销颁发相应学位的资格。质量评估不仅涉及对课程和专业的评估，而且涉及对科研质量的评估。

在政府指导下，质量评估不仅需要瑞典高等教育署的参与，还需要高等院校本身、相关人员和学生的参与。[24]这种政府、中间机构和大学三位一体的质量保障体系，以及一系列全国范围教育评估活动的实施，从制度和操作两个层面上保证了瑞典高等教育的良性发展。

四、强调终身学习，注重教学革新

积极响应博洛尼亚进程提出的终身学习理念，瑞典政府通过修订高等教育法，对高等教育促进学生终身学习能力应发挥的作用进行了具体规定，明确指出高等教育应培养学生独立和批判性思考的能力，发现、提出和解决问题的能力，以及能够在多变工作环境下应用所学知识的能力等，以使学生在离开高校后仍能不断获取新知识、掌握新技能，适应知识社会和全球化环境下的各种挑战。

瑞典政府积极推行高等教育教学改革，鼓励教师参加在职培训、增强教学能力、改善教学方法，把终身教学理念贯彻到高等教育的各个环节。此外，瑞典政府还积极鼓励高校与各类培训机构合作，联合为员工提供培训机会，进行从业资格认证等，以提高企业人员的学习能力和技能。高校应该在“传播先进知识与技能、影响社会民众、提高国民素质与终身学习能力、培养创新能力”等方面发挥主导作用。[25]

五、促进高等教育国际化，提升国际声誉

受博洛尼亚进程影响及自身发展需要，自20世纪90年代以来，瑞典政府也加大了对高等教育国际化建设的关注和投入。

这一时期，瑞典政府成立了国家高等教育局（National Agency for Higher Education，现为the Swedish Higher Education Authority，即“瑞典高等教育署”），专门负责调研、监控高等教育机构的国际化参与效果。瑞典高等教育委员会（the Swedish Council for Higher Education）则负责瑞典境外学历认证，并作为中介机构促进瑞典高等院校的国际合作。

2003年，瑞典建立了面向国际生的全国统一招生网站（https：//studyinsweden. se），用于发布瑞典教育政策和高校招生信息。这一网站沿用至今，国际生只要在该网站上报名，就能向目标瑞典院校提出申请。该网站与瑞典各高校终端相连，只要满足相应入学资格，学生就可自由在瑞典各高校之间进行选择。

除了设立相应机构促进国际交流外，瑞典政府还鼓励高校师生充分利用欧盟项目资助计划，走出国门，开展国际学术科研合作。2000年，瑞典政府设立了LP（Linnaeuus－Palme）项目基金，资助本科生和硕士研究生参加交换生项目，以及教研人员国际交流。该基金的设立促进了瑞典与发展中国家高等教育间的交流合作。[26]

为了吸引国际生，瑞典政府只在本科教育阶段采用瑞典官方语言，即瑞典语进行授课，在研究生教育阶段则采用英文授课。这一做法促进了与欧盟各国及其他国家的教育互通。一系列教育改革和国际化措施的推进，使瑞典高等教育质量得到国际社会的普遍认可，国际学生人数逐年增多。

第二章　瑞典高等教育现状

瑞典全称为瑞典王国（The Kingdom of Sweden），位于北欧斯堪的纳维亚半岛东半部，西邻挪威，东北接芬兰，东临波罗的海，西南濒北海，同丹麦隔海相望。领土面积约45万平方公里。地势自西北向东南倾斜。瑞典约15%的领土在北极圈内，受大西洋暖流影响，冬季不太寒冷，大部分地区属温带针叶林气候，最南部属温带阔叶林气候。

国家元首为国王卡尔十六世古斯塔夫（Carl XVI Gustaf），1973年9月15日即位。瑞典主要政党包括：社民党、环境党、温和党、自由党、中间党、基督教民主党、左翼党、瑞典民主党等。现任政府于2014年10月组成。政府设12个部，包括首相在内共24名阁员，首相为斯特凡·勒文（Stefan Löfven，社民党），副首相兼气候和环境大臣为奥萨·罗姆松（Åsa Romson，女，环境党）。

瑞典工业发达，主要有矿业、机械制造业、森林及造纸工业、电力设备、汽车、化工、电信、食品加工等，享誉世界的著名公司爱立信、沃尔沃、萨博、ABB等均诞生于瑞典。

瑞典人口约984.5万人（截至2015年年底），90%为瑞典人（日耳曼族后裔），外国移民及其后裔约100万人。北部萨米族是唯一的少数民族，约 1 万人。官方语言为瑞典语。90% 的国民信奉基督教路德宗。瑞典实行九年一贯制义务免费教育，20% 以上成年人受过高等教育。[1]

第一节　瑞典高等教育发展历程

以历史事件为脉络，依据不同时期呈现的特点，瑞典高等教育可划分为三个历史发展阶段：第一阶段为 15—17 世纪，诞生了现代意义的瑞典大学，大学的功能主要为培训神职人员和政府官员；第二阶段为 18—19 世纪，大学的教学功能显现，规模得到初步扩张，逐步由神坛走向普通民众；第三阶段为 20—21 世纪，这一时期为瑞典大学的快速发展时期，高等教育机构数量、教师和学生人数都进一步增加，大学的教学、培训和科研功能得到加强，高等教育走向大众化。

一、15—17 世纪：瑞典高等教育早期发展

早在 500 多年前，瑞典就有了现代意义上的大学，第一所大学乌普萨拉大学（Uppsala University）诞生于 1477 年。早期瑞典大学的主要功能在于培养和训练神职人员。16 世纪，由于政治动乱，因此高等教育活动基本处于停滞状态。到了 17 世纪，瑞典处于海外扩张的黄金时期，需要派驻大量政府官员到其他国家，高等教育功能由此开始转变，以适应这一需要。这一时期，瑞典一批大学应运而生，1632 年成立了瑞典第二所大学——塔尔图大学（University of Tartu），当时该地区称之为多帕特（Dorpat），由于现属于爱沙尼亚

疆域，因而该大学现为爱沙尼亚大学，之后于 1640 年和 1666 年分别创建了艾博皇家学院（the Royal Academy in Åbo）和隆德大学（Lund University）。除了培训神职人员外，这时期大学的另一个主要功能就是为瑞典王国培养合格的外交官员。伴随着功能的转变，大学的研究兴趣也逐渐由神学向医学和自然科学领域发展。[2]

二、18—19 世纪：瑞典高等教育初步发展

18—19 世纪，大学的主要活动侧重于教学，到了 19 世纪教学质量有所提高，入学条件要求严格，所有的入学者都需要参加大学入学考试。1826 年，在斯德哥尔摩成立了瑞典第一所理工科院校，开始教授科学技术课程，从 1877 年起，该校被正式命名为皇家理工学院（the Royal Institute of Technology）。19 世纪，瑞典高等教育规模得到进一步扩展，进行职业培训的机构逐渐发展成为职业学院（Vocational College）。19 世纪末，由市政府出资，分别在斯德哥尔摩和哥德堡两个城市成立了以自然科学为主的大学学院。[3]

三、20—21 世纪：瑞典高等教育快速发展

20 世纪早期，瑞典高等教育进一步发展，多个职业学院和专业教育机构先后成为大学学院（University College），比如教师培训学院、社会工作学院、记者学院等。1945—1975 年，高等教育机构承担的科研任务开始增加，成为瑞典新的承担科学研究的机构。20 世纪末至 21 世纪早期，因为瑞典政府提倡让更多的民众能够享有高等教育的机会，所以这一时期瑞典高等教育规模扩展迅速，成立了许多新的大学，众多大学学院也陆续升格为大学，其中 1977—1980 年

甚为突出。由此而来的是大学学生人数剧增，教师人数也快速增长。大学规模的扩张使得人们享有更多接受高等教育的机会。然而，伴随的负面影响也日益明显，由于政府投资不足，教师人数的增长和教学条件的改善远远赶不上学生人数的急剧膨胀，因此教学质量下降，民众对高等教育提出质疑。为了提升教育水平，增强瑞典的高等教育实力，21 世纪中后期，瑞典高等教育又进入了兼容合并阶段，使得高等教育机构数量减少。现在的很多大学都是经过合并而来的，例如，如今的斯德哥尔摩喜剧艺术学院（the Stockholm Academy of Dramatic Art）就是在 2011 年由电影、广播、电视和戏曲大学学院（The University College of Film，Radio，Television and Theatre）和斯德哥尔摩表演大学学院（Stockholm University College of Acting）两所学校合并而成的。[4]

第二节　瑞典高等教育概况

20 世纪末期到 21 世纪，在博洛尼亚进程的推动下，瑞典政府依照建设欧洲高等教育区的目标，调整了原有的高等教育政策，通过改革学位结构、采用欧洲学分制、加大高等教育入学机会等措施对高等教育进行了一系列改革，使瑞典高等教育与欧洲其他国家相比既有可比性，又有自身的特点。

一、学位层级与结构

在博洛尼亚框架体系下，为了保证与欧洲高等教育区各国的教育体系对等和学分互换，瑞典政府对原有教育结构进行了改革。2004 年，瑞典政府出台了《新世界—新大学法案》（New World – New University），将原来的二级学位结构改为三阶段学位系统，且实施了新的学分制，即欧洲学分积累与转换系统（欧洲学分制）。从 2007 年 7 月 1 日起实行了新的学位结构，在高等院校里，所有课程安排和专业设置都基于三个等级进行，并采用欧洲学分制。[5]

三个等级循序渐进。第一等级分三个层次。第一层次为一般性学位资格（General Qualifications），包括大学学位（Higher Education Diploma）和学士学位（Bachelor Degree）。前者需要 120 个学分，而后者需要 180 个学分。第二层次为美术、应用与表演艺术学位资格（Qualifications in the Fine，Applied and Performing Arts）。与一般性学位资格一样，获得该层次的大学学位需要 120 个学分，获得艺术学士学位（Bachelor of Fine Arts）需要 180 个学分。第三层次为专业学位资格（Professional Qualifications）。在第一等级中共有 32 个专业学位，例如“护理理学学士学位”（180 个学分）、工程理学学士学位（180 个学分）等。第一层级的学制一般为 3 年。

第二等级为中间层级，也分三个层次。第一层次为一般性学位，包括攻读一年制硕士学位（Master Degree），需要 60 个学分；攻读两年制硕士学位，需要 120 个学分。第二层次为美术、应用与表演艺术硕士学位资格，也分为一年制艺术硕士学位（60 个学分）和两年制艺术硕士学位（120 个学分）。第三层次为专业硕士学位资格。这样的学位有 22 个，例如建筑硕士学位（300 个学分）、医学领域的理学硕士学位（330 个学分）。这一等级的学制为 1 年或 2 年。

第三等级是最高等级，分为两个层次。第一层次为一般性学位，包括硕士上学位（Licentiate Degree）①，需要120个学分；博士学位（Doctoral Degree），需要240个学分。第二层级为美术、应用与表演艺术学位，包括艺术硕士上学位和艺术博士学位，要求的学分与对应的一般性学位相同。这一等级的学制为2年或4年。

因此，从学位类型来看，瑞典的高等教育学位包括大学学位、学士学位、硕士学位、硕士上学位，以及博士学位五大类。

瑞典的硕士上学位是介于通常所说的硕士学位与博士学位的一种过渡学位，只有在取得硕士学位之后才能修习，它虽然高于一般意义的硕士学位，但又低于平常的博士学位。因此就概念上来说，瑞典的学位体系不同于中国的学位体系。

综上所述，从学位资格种类来看，瑞典有三种学位资格：一般性学位资格，美术、应用与表演艺术学位资格和专业学位资格。这三种学位资格具有同等学术地位。一般性学位资格和美术、应用与表演艺术学位资格可在第一、第二和第三等级高等教育中被授予，而专业学位资格可在第一和第二等级中被授予，主要在某些特定职业范畴内颁发。大多数在第二等级高等教育（即硕士）阶段颁发的专业学位不需要第一等级相关专业学位，这是因为授予这种学位资格的专业通常涵盖第一和第二等级教育阶段。这一方面，瑞典有别于大多数国家。[6]瑞典高等教育学位结构如表2-1所示。

① 硕士上学位“Licentiate Degree”为作者所译。现有中文文献中有的翻译为“硕士的学位”。

表 2-1　瑞典高等教育学位结构

层级	学位类别	学位名称	所需学分/个	学制/年
第三等级	一般性学位	博士学位 (Doctoral Degree)	240	4
		硕士上学位 (Licentiate Degree)	120	2
	美术、应用与表演艺术学位	博士学位 (Doctoral Degree)	240	4
		硕士上学位 (Licentiate Degree)	120	2
第二等级	一般性学位	一年制硕士学位 (Master Degree)	60	1
		两年制硕士学位 (Master Degree)	120	2
	美术、应用与表演艺术硕士学位资格	一年制艺术硕士学位 (Master Degree)	60	1
		两年制艺术硕士学位 (Master Degree)	120	2
	专业硕士学位资格	专业硕士 (Master)	90～330	1～2
第一等级	一般性学位资格	大学学位 (Higher Education Diploma)	120	3
		学士学位 (Bachelor Degree)	180	3
	美术、应用与表演艺术学位资格	大学学位 (Higher Education Diploma)	120	3
		学士学位 (Bachelor Degree)	180	3
	专业学位资格	大学学位 (Higher Education Diploma)	120	3
		学士学位 (Bachelor Degree)	180	3

(资料来源：*Higher Education in Sweden—2016 Status Report*)

二、高等教育机构类型

瑞典高等教育系统由多样性的机构组成，主要以公立机构为主。瑞典高等教育机构主要分为五种类别，分别是大学、大学学院、其他学院、艺术学院和其他高等教育机构。截止到2015年，瑞典共有48所高等教育机构，大部分为公立的大学或大学学院，少部分为私立机构，受相同的教育法规约束。[7]

大学与大学学院的不同之处主要在于授予学位的权限不同。大学可以颁发三个等级的学位：第一等级大学学位（Higher Education Diploma）和学士学位；第二等级一年制或两年制硕士学位；第三等级硕士上学位及博士学位。大学学院可以颁发第一等级大学学位和学士学位；第二等级一年制硕士学位、部分专业领域的两年制硕士学位或第三等级学位。

2015年，瑞典共有25所公立大学和3所私立大学能颁发第一、二、三等级学位；有6所公立大学、10所私立大学以及4个私立课程提供教育培训机构能够颁发第一和第二等级学位。[8]

除了大学和大学学院以外，瑞典政府还设立了诸多高等教育监管机构，它们都对瑞典教育与科研部（Ministry of Education and Research）负责。这些机构包括：

（1）瑞典高等教育署（the Swedish Higher Education Authority，瑞典语缩写为UKA）对高等教育行使监管之责，确保高等教育机构的运营遵循有关高等教育的政策和法规。高等教育署也会对高等教育质量和高等教育机构在公共资源和资金的利用率及有效性方面进行评审，负责对高等教育质量和高等教育机构学位授予权力、学生权益保障状况进行评估，并定期发布高等教育机构官方统计数据。[9]

（2）瑞典高等教育委员会（the Swedish Council for Higher Education，瑞典语缩写为UHR）的主要职责包括：协调高等教育招生事宜；组织瑞典学术水平考试（the Swedish Scholastic Aptitude Test）；为外国留学生提供瑞典高等教育相关资讯；代表高等教育机构制定专业准入标准；认证国外学位；推动国际合作等事务；促进高等教育参与范围和确保高等教育公正性；管理和开发高等教育信息技术系统等。[10]

（3）瑞典高等教育上诉委员会（the Higher Education Appeals Board）负责处理高等教育上诉决议。该委员会为最终审理机关，高等教育上诉委员会的决议为最终决议。[11]

（4）瑞典国家教育局（the Swedish National Agency for Education）是瑞典公立学校的中央管理机构，负责制定学习成效标准、组织国家层面的考试和评估，并对国际教育参与程度进行监控。[12]

（5）瑞典科研委员会（Swedish Research Council）的职责包括：促进瑞典科研发展；管理科研经费、制定科研政策等。[13]

（6）瑞典中央学生援助委员会（Centrala Studie Stodsnamnden，CSN）是专注于为大学生提供资助的国际性组织机构，在瑞典政府教育和教育研究部的支持下，负责瑞典所有教育项目的资助。[14]

（7）瑞典学院（the Swedish Institute）负责瑞典高等教育机构在国外的市场宣传并参与海外的市场推广等活动，以提高瑞典高等教育的国际知名度，吸引留学生。[15]

三、瑞典高等院校的学生规模及分布

（一）学生整体规模

为了使大众享有更多的高等教育入学机会，20 世纪下半叶到 21 世纪中期，瑞典高等教育一直处于不断扩张阶段，学生人数不仅整体呈上升趋势，而且越来越多的女性享有受高等教育的机会。这一规模扩张趋势主要体现在瑞典高等教育的第一和第二层级。

如图 2－1 所示，从第一和第二层级学生注册人数来看，瑞典高等教育机构的学生人数在 1977 年接近 15 万人，1993 年达到了 20 万人，1997 年超过 25 万人，2001 年增长为 30 万人，2005 年接近 35 万人。尽管 2005—2009 年在校学生人数有所减少，但 2009 年依旧超过了 35 万人。2010 年后，学生人数有明显下降趋势，主要原因是为了减轻税收压力，从 2010 年起瑞典开始向来自欧盟/欧洲经济体

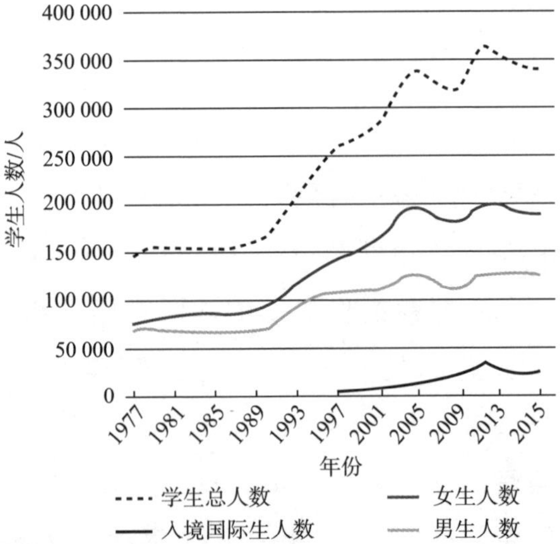

图 2－1　1977—2015 年瑞典高等教育第一、二层级学生规模变化趋势

（资料来源：*Higher Education in Sweden—2016 Status Report*）

和瑞士以外的国际学生征收学费。

在1977—2009年这三十余年间，瑞典高等教育机构女生人数由55 000人左右增长为约20万人，增加了近三倍。这期间高等教育机构男生人数也有所增长，不过与女生相比，增长幅度不大，由1977年的55 000人左右增长为2009年的11万人左右，增长了50%左右。

从入境国际生人数来看，尽管增长幅度不大，但是从1997年起入境国际生人数也基本呈增长趋势。2010年后入境国际生人数有小幅回落。

根据2015年秋季学期学生人数的统计数据，第一和第二层级注册学生总数为343 300人。其中，27 200人为入境国际生，占学生总人数的8%。与2010年同期相比，注册学生人数减少了21 700人，下降了近6个百分点。在所有学生中，年龄在22岁的注册学生人数最多，占到总人数的26%。在这个年龄段中，女生占比为31%，比男生人数多10%。[16]

从学习方式来看，根据2015年的统计数据，在第一和第二层级中，在校学习的学生人数多于通过远程教育模式学习的学生人数。2015年秋季，共有272 000名学生选择在校学习；而通过远程教育模式（包括完全基于网络和部分基于网络及部分面授两种形式）选修课程的学生人数为57 300人。在2011年之前，参加远程教育的学生人数一直处于持续增长状态，人数最多时达到65 000人（2011年）。这是瑞典政府响应博洛尼亚进程、大力推广终身教育所致，同时也是瑞典网络大学（the Swedish Net University）2002—2004年对远程教育投入大量资金所致。不过在2011年之后，远程教育学生人数明显缩减，近三年远程教育学生人数在8 000～57 000人。此外，有些学生既参与在校学习，也参与远程教育。2015年秋季学期，这种通过在校和远程复合方式兼修课程的学生人数达到14 100人，与

2014 年同期相比人数减少了 12%。[17]

与学生人数保持增长态势的第一、二层级不同，瑞典高等教育第三层级，即颁发硕士上学位或博士学位阶段，学生人数基本呈波动趋势。从图 2－2 来看，2005 年第三层级学生总人数接近 20 000 人，之后开始减少，到 2008 年达到最低点，人数不足 18 000 人；之后又缓慢上升，到 2012 年人数重新回归将近 20 000 人，从 2013 年起再次出现下滑趋势，到 2015 年基本接近 18 000 人。

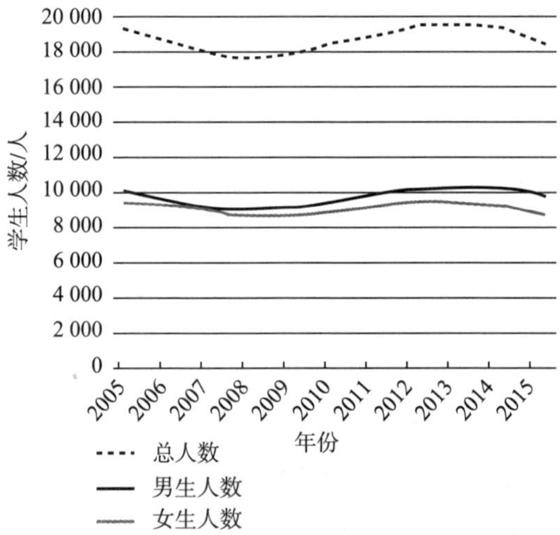

图 2－2　2005—2015 年瑞典高等教育第三层级学生规模变化趋势

（资料来源：*Higher Education in Sweden—2016 Status Report*）

2005—2015 年，在瑞典高等教育第三层级学生中，男女生人数增长变化基本保持一致，都呈波动趋势。2005 年，男生人数达到 10 000 人，之后呈下降趋势，2008 年人数减少较为明显，降到 9 000 人左右；2009 年以后逐步上升，2013 年人数上升至 10 000 人左右，之后又开始下降，到 2015 年人数不足 10 000 人。在第三层级中，女生人数总的来说少于男生人数。2005—2015 年，女生人数规模保持在 8 000 ~9 000 人。

在第三层级中，2015 年秋季注册学生人数为 21 400 人，比 2014 年注册学生人数略少。其中，入境国际生占第三层级学生总数的 30%，所占比例与 2014 年相比基本持平。在第三层级中，男女生人数比例基本保持平衡状态，2015 年男生占比约为 47%，女生占比约为 53%，女生人数略多于男生。在第三层级中，2015 年全日制学生占多数，占比为 59%，这与往年情况相同。在全日制学生中，男生人数要多于女生人数。[18]

从研究领域学生人数分布状况来看（如图 2－3 所示），[19] 2005—2015 年，瑞典高等教育第三层级学生大多集中于医学和健康科学研究领域，这一领域的学生人数在 6 000 人左右，几乎占总人数的三分之一；虽然从 2006—2009 年和 2014—2015 年这两个时间区间来看，人数有小幅减少，但从长远看，基本处于增长趋势。

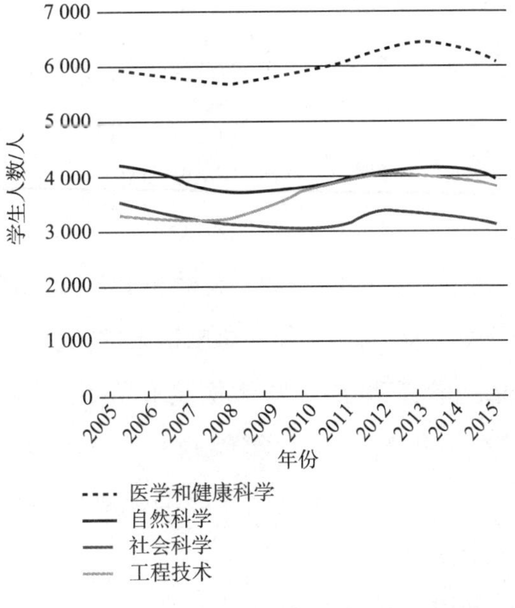

图 2－3　2005—2015 年瑞典高等教育第三层级研究领域学生人数分布状况

（资料来源：*Higher Education in Sweden—2016 Status Report*）

仅次于医学和健康科学领域，人数分布比较集中的是自然科学领域，2007—2008 年，自然科学领域的第三层级学生人数有小幅回落，2009 年之后又缓慢上升，人数基本维持在 4 000 人左右。

2005—2007 年，社会科学领域的第三层级学生人数要多于工程技术领域的学生。不过从 2008 年开始，工程技术领域学生人数增幅较大，超过了社会科学领域的学生人数，人数在 4 000 人左右，是学生人数第三集中的研究领域。

2008 年以后，社会科学领域的学生人数出现了明显下降，人数徘徊在 3 000 人左右。

2005—2015 年，工程技术领域学生人数增长最多，社会科学领域学生减少人数最多。这与近十年来瑞典提倡新兴科技创新和经济高速发展对工程技术人员需求增大密不可分。

（二）招生与录取状况

根据瑞典高等教育署发布的统计数据，[20]2015 学年秋季学期，第一和第二层级的申请者中既包括没有高等教育经历的学生，也包括有高等教育经历的人员，总申请人数为 409 300 人，其中有过高等教育经历的申请者占大多数，人数达到 278 000 人，占总申请人数的 68%；其余的为无高等教育经历的申请者，人数为 131 300 人，占比为 32%。与 2014 年秋季学期相比，2015 年的总申请人数减少了 4%。

与往年相比，申请者的性别比例变化不大，女性基本占比为 60%，男性占比为 40%。2015 年秋季，在申请者中女性占比为 62%，男性占比为 38%。在申请者中没有高等教育经历的女性占比为 59%，男性占比为 41%。

申请者可以同时申请几个不同的专业。将某一专业作为第一选择的申请者被称为第一志愿申请者。从第一志愿申请者人数来看，2015 年秋季，第一志愿申请者人数为 349 400 人，约占总申请人数的 85%，第一志愿申请者中没有高等教育经历的人员达到 101 500 人。在第一志愿申请者中，合格的申请者人数为 173 900 人，与 2014 年的 175 000 人相比有所下降。

从申请者申请的学位分布状况来看，2015 年，一般性学位资格和美术、应用与表演艺术学位资格专业的申请者达到了 83 500 人，占第一志愿申请者总数的 24%。2015 年专业学位项目吸引了 90 700 名第一志愿申请者，占第一志愿申请者总数的 26%。在专业学位项目第一志愿申请者中，共有 17 200 人申请教育专业，人数为所有专业申请人数之最；其次是工程硕士学位专业申请者；再者，护理学士专业和社会工作本科专业、法学硕士专业申请者人数也较多。

从单个专业申报情况来看，不同专业录取的第一志愿申请者人数不同。平均 1 个位置（Place）有 1.5 个合格申请者。而 2014 年度，这一数字为 1∶1.8。单个位置申请者人数最多的（多于 1 000 名）是那些能够获得心理学、医药、法律和建筑硕士专业学位的项目，以及心理治疗本科专业。

2015 年，合格的第一志愿女性申请者中的四分之三以上集中于教育和教师资格项目以及健康科学、护理或社会看护专业。与此相比，合格的第一志愿男性申请者中的三分之二以上集中于工程、技术、自然科学、数学、计算机科学等专业。

2015 年秋季学期，远程专业第一志愿申请者人数达到 349 400 人，占总申请人数的 27%。与 2008 年秋季学期相比，申请人数占比有所提高，2008 年远程专业申请者占比为 22%。在这些远程专业项目申请者中，30% 为女性，22% 为男性，性别比与 2008 年以来各年的数据相比基本没有变化。

从录取情况来看，2015 年秋季学期，共有 57 000 名无高等教育经历申请者被录取，与 2014 年相比下降了 2%，占无高等教育经历申请者总数（131 000 人）的 44%，所占比例与前一年的比例相同。2000—2011 年，高等教育录取比例为 50% ~57%。而 2011—2014 年，录取比例出现了明显的下降趋势。

总的来说，2015 年秋季学期，在所有第一志愿申请者中（410 000 人），包含有高等教育经历或者无高等教育经历的，共有 239 600 人被录取，录取比例为 58%，与前一年相比，录取人数减少了一个百分点。不过，2015 年的录取比例与往年相比有小幅上升，由原来的 60% 上升为 61%。

在那些被录取的有高等教育经历的申请者中，72% 的学生在 2014/2015 学年选过课，10% 的学生中断学习一年，19% 的学生中断学习两年或以上。有高等教育经历且至少已获得一个学位的申请者占比为 27%。也就是说，很多学生在中断学习后又重新返回校园。

（三）新生入学情况

在学生整体人数规模和招生录取情况基础之上，这部分将侧重于对新生的入学情况进行分析。

先分析高等教育初次入学情况。高等教育初次入学者（Higher Education Entrants）指的是初次进入高等教育机构进行学习的学生，既包括瑞典本国的学生，也包括入境国际生。如图 2 -4 所示，在 2004/2005 学年，高等教育初次入学者总人数在 80 000 人以上，之后缓慢下降，2006/2007 学年学生人数最少，回落至 80 000 人。在 2006/2007—2009/2010 学年，高等教育机构初次入学者人数明显增长，在 2009/2010 学年时最高达到 107 000 人。这主要是经济下滑以及高等教育规模扩张造成的。不过从 2010/2011 学年开始，这部分学生人数又开始逐渐减少，到 2014/2015 学年，高等教育初次入学者人数下降至 86 000 人左右，降幅达 20%。2014/2015 学年高等教育初次入学者人数下降是因为瑞典本土人数从 66 300 人下降到

64 300 人，减少了 2 000 人。与之相反的是，2014/2015 学年入境国际生的人数增加了 400 人，达到 21 800 人。入境国际生在 2014/2015 学年中占据了主要比例，在所有高等教育初次入学者中，入境国际生占比超过了四分之一。[21]

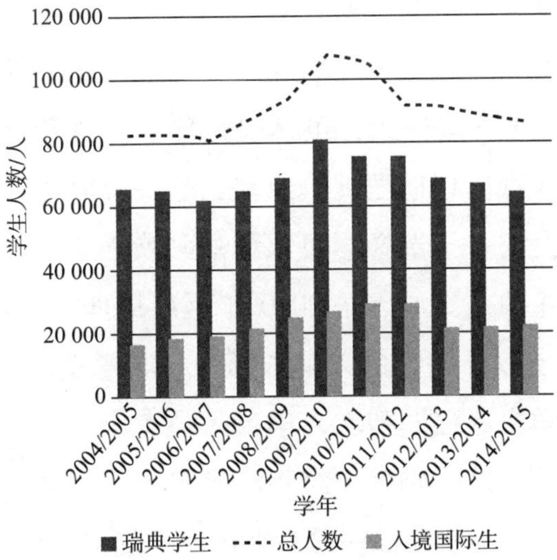

图 2－4　2004/2005—2014/2015 学年瑞典高等教育初次入学者规模变化趋势

（资料来源：*Higher Education in Sweden—2016 Status Report*）

在 2014/2015 学年的高等教育机构初次入学者（86 000 人）中，女生人数多于男生人数，其中女生占比为 57%，男生占比为 43%。这是从 2010/2011 学年开始连续第五年高等教育机构初次入学者人数呈下降趋势，与 2013/2014 学年相比人数减少了 2%。

从年龄分布来看，在 2014/2015 学年的高等教育机构初次入学者中，78% 以上年龄在 24 岁或以下，尽管与 2013/2014 学年相比下降了 1 个百分点，但是年轻的初次入学者人数仍处于历史同期较高比例。年龄在 24 岁或以下的高等教育初次入学者人数所占比例由 2002/2003 学年的 64% 上升到 2013/2014 学年的 79%。这一增长主要是在高等教育初次入学者中，年龄在 19 岁或更年轻的学生人数增加，而年龄在 30 岁或以上的学生人数下降所致。

此外，从所选课程类型学生人数分布状况来看，选修独立课程（Freestanding Courses）①的高等教育初次入学者人数整体多于学位课程选修人数，基本上前者人数是后者的 2 倍，在 2006/2007—2009/2010 学年，选修独立课程和学位课程的学生人数都呈增长趋势。不过，从 2010/2011 学年开始，虽然选择独立课程和选择学位课程的初次入学者人数都出现明显减少趋势，但选择独立课程的初次入学者人数在总量上仍多于选择学位课程的初次入学者人数。初次入学者人数明显下降的主要原因是 2010 年之后瑞典开始向来自欧盟/欧洲经济体或瑞士以外国家的入境国际生征收学费。从 2011/2012 学年之后，选修学位课程的初次入学者人数有小幅增长，而选择独立课程的初次入学者人数仍呈持续下降趋势。虽然如此，这时期选修独立课程的初次入学者人数在总量上仍处于优势地位。在 2014/2015 学年，瑞典高等教育初次入学者大多选修独立课程，其占比为 42%；选择一般学位课程的初次入学者人数占比为 27%；选择专业学位课程的初次入学者人数占比为 31%。[22]如图 2－5 所示。

近年来，增加的选修一般学位课程的初次入学者主要为入境国际生，而增加的选择专业学位课程的初次入学者主要为瑞典居民。选择独立课程的初次入学者大多为入境国际生，其中交换生人数占多数；选择专业学位课程的学生大多为瑞典本国学生。

① 在瑞典高等教育体系中，第一和第二层级主要以授课形式进行。按照课程类别，可以分为独立课程，即不是相关学位授予规定范围内所必须选修的课程；一般学位课程（Programmes Leading to General Qualifications）；专业学位课程（Programmes Leading to Professional Qualifications）；美术、应用与表演艺术专业课程（Programmes Leading to Qualifications in the Fine, Applied and Performing Arts）等。

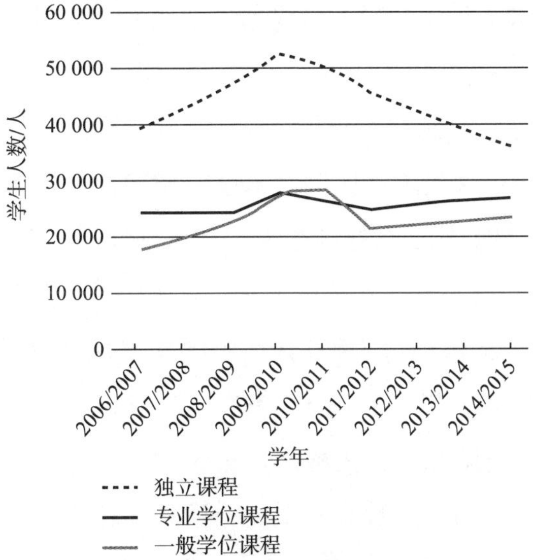

图 2-5　2006/2007—2014/2015 学年瑞典高等教育初次入学者所选课程人数分布状况

（资料来源：*Higher Education in Sweden—2016 Status Report*）

关于第三层级的新生人数分布情况从图 2-6 中可见一斑。在

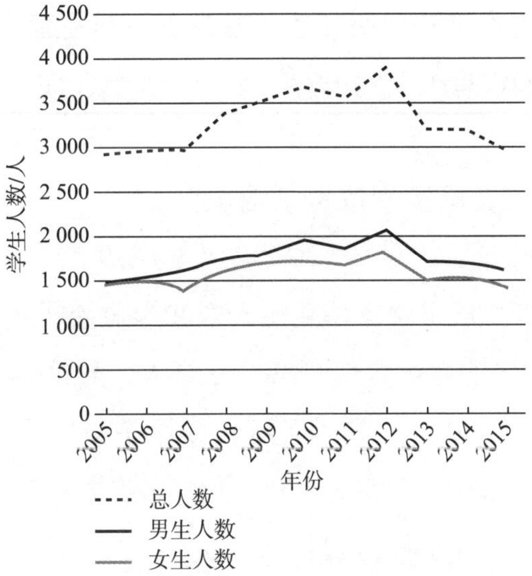

图 2-6　2005—2015 年瑞典高等教育第三层级新生人数分布状况

（资料来源：*Higher Education in Sweden—2016 Status Report*）

2005—2015 年这十年间，第三层级新生总人数在 2 900 ~3 900 人，占第三层级注册学生总数的 16% ~20%。在第三层级新生中，2005—2015 年男女生性别比例基本持平，其中女生比例在 46% ~50%。2015 年，在第三层级中女生所占比例为 47%，男性比例为 53%。[23]

2005—2007 年，第三层级新生总人数基本保持不变，达到 2 900 ~3 000 人。2007 年之后，第三层级新生总人数开始呈现增长趋势，一直到 2010 年，总人数超过 3 500 人。2011 年出现小幅下降，2012 年新生总人数又出现明显增长，达到 3 900 人。2013—2015 年，第三层级新生总人数又呈下降趋势，人数回落至 3 000 人左右。在第三层级中，男女新生增长趋势与总人数基本保持一致。2015 年，第三层级新生总人数达到 2 990 人，其中 1 140 人为入境国际生，占总数的 38%。

除了学费政策调整外，第三层级新生总人数下降的一个原因可能是越来越多的高等教育机构以奖学金资助博士生，而不是发放博士补助。博士奖学金金额远高于博士补助，这意味着某些学科没有足够的资金去招收第三层级新生。在瑞典，具有颁发博士学位资格的高等教育机构仅有 13 个。

四、毕业生数量及学位授予情况

在第一和第二层级中，毕业生人数和学位授予数量呈增长趋势。1991/1992 学年毕业生数量仅有 30 000 余人，到 2014/2015 学年，毕业生人数接近 70 000 人，增长了两倍多。在 1991/1992—2014/2015 学年，除了 2004/2005—2008/2009 学年毕业生数量有小幅回落外，其他学年毕业生数量都保持增长态势。

与此相对应的是，学位授予数量也呈增长趋势。1991/1992 学年授予的学位总量为 32 100 个，到了 2014/2015 学年，第一、二层级授予的学位总量达 80 900 个，增幅达 60%。虽然 2008/2009 学年之前的几年，毕业生人数和授予的学位总量基本保持不变，但是在那之后数量急剧上升。这是因为从 2007 年开始，学生在获得第一层级学位后同时也可获得第二层级的学位。同一学生可以多次注册（先注册第一层次的学位资格，之后注册第二层次的学位资格），这样与授予第一学位的毕业生人数相比，对毕业生人数的统计数据多于实际投入劳动市场的毕业生数量。如图 2 -7 所示。

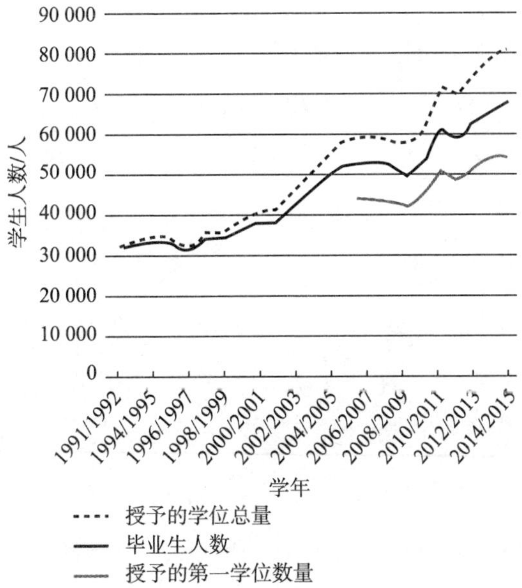

图 2 -7 瑞典高等教育第一、二层级毕业生人数、授予学位数量和第一学位授予数量分布（1991/1992—2014/2015 学年）

（资料来源：*Higher Education in Sweden—2016 Status Report*）

在 2014/2015 学年，第一和第二层级共有 67 900 名毕业生，其中女性有 43 000 人，男性有 24 900 人。在 2014/2015 学年，第一层级的毕业生人数为 41 400 人（其中 67% 为女性，33% 为男性），第二层级的毕业生人数为 29 000 人（其中女性占比为 57%，男性占比为43%）。两个层级的毕业生人数之和多于毕业生总人数，这是因为同一学年一个学生可同时被授予第一层级学位和第二层级学位。在2014/2015学年，第一学位授予的学生人数，不包括国际生，达到48 000人，其中女性毕业生人数为30 900人，男性毕业生人数为17 900人。①

在2014/2015学年，瑞典高等教育机构授予的第一层级学位数量为47 450个，授予的第二层级学位数量为33 450个。其中，51 200个学位颁给了女性，29 700个学位颁给了男性。[24]

从毕业生来源来看，在2014/2015学年，从具有完全大学资格的高校毕业的第一、二层级学生人数为52 200人，比2013/2014学年的毕业生人数多了2 100人，增长了4.2%。在2014/2015学年，从其他类型高等教育机构毕业的学生人数为17 000人，与2013/2014学年毕业生人数持平。由此可见，具有完全大学资格的高等院校毕业生人数占全部高等教育机构毕业生人数的75%。

具体到各个高校，在2014/2015学年，毕业生人数较多的大学依次为：隆德大学（Lund University），7 100人，毕业生人数最多；斯德哥尔摩大学（Stockholm University），6 300人；哥德堡大学（the University of Gothenburg），6 200人；乌普萨拉大学（Uppsala University），5 200人；林雪平大学（Linkoping University），4 300人。从瑞典高等教育机构类型来看，这几所院校均是具有完全大学资格的大学。高等教育机构毕业生数量主要取决于高校自身规模，也就是学生人数，同时也取决于高校提供的课程和专业结构，由于课程和专业结构不同，因此高校能授予的学位资格数量也有所差异。

① 只有在瑞典授予的学位被统计为第一学位授予数量。

在2014/2015学年授予的第一层级学位中，有27 900个颁给了具有完全大学资格院校的毕业生，有12 800个颁给了其他院校的毕业生。也就是说，第一层级毕业生中的67%来自具有完全大学资格的院校。

在2014/2015学年授予的第二层级学位中，有24 400个学位颁给了具有完全大学资格院校的毕业生，有4 000个颁给了其他院校的毕业生。这意味着，具有完全大学资格院校的毕业生人数在第二层级中占大多数，占比达84%。[25]

第三层级学位分为一般性学位资格以及美术、应用与表演艺术学位资格两类，每个类别下可颁发硕士上学位或博士学位。

2015年，瑞典高等教育机构共颁发了3 560个第三层级学位，既包括硕士上学位，也包括博士学位。与2014年授予的130个学位相比，2015年下降了4%。第三层级颁发的学位大多为博士学位。2015年，瑞典高等教育机构共颁发了2 840个博士学位，占全年第三层级颁发学位的四分之三，颁发的硕士上学位不到三分之一。

第三层级的美术、应用与表演艺术学位资格是在2010年才启用的，截至2015年，在授予的美术、应用与表演艺术学位资格中，博士学位颁发了15个，硕士上学位颁发了5个。[26]

五、学生毕业率

毕业率，即学生获得学位的比例。不同的专业毕业率不同。毕业率取决于专业类型以及学生选择专业的原因。

根据瑞典高等教育署发布的数据，在第一、二层级中，2013/2014学年专业学位项目学生的毕业率高于一般学位项目。不同的专业学位毕业率也不同。在2013/2014学年，产科专业的毕业率最高，达到93%；其次是医学专业，毕业率为88%；再者是牙科专业，毕业率为85%。这些专业学位项目毕业率较高，是因为这些专业的学生毕业后能找到对口的实习单位。

研究数据显示，也有一些专业毕业率比较低。在2013/2014学年，工程学士学位专业的毕业率最低，仅有43%。毕业率较低的一个原因有可能是工程技术领域就业市场较好，学生不需要获得学位资格甚至不需要完成学业就能找到工作。[27]

在第三层级中，不同研究领域毕业率不同。2007—2012年，博士学位授予人数最多的是农业科学（60%），最少的为人文（30%）。2007—2015年，自然科学领域学生毕业率最高，达82%，毕业率最低的是人文类，为63%。2007—2012年5年间，在学位获得者中，男性要多于女性，毕业生中男性占53%，女性占45%。但是2007—2015年，女性毕业率与男性毕业率一样多，均为76%。[28]

六、高等教育入学机会分析

瑞典是一个多元文化社会，人们来自不同的国家和民族。为了使不同社会群体都有接受高等教育的机会，瑞典政府从20世纪末开始实施扩张的高等教育政策，接受高等教育的学生人数出现大幅增长。然而，多方因素导致不同社会背景（国籍不同或父母受教育程度不同）的人员接受高等教育的机会不尽相同。

根据瑞典高等教育署发布的报告，社会出身（Social Origin）是影响学生接受高等教育的一个重要因素。2015年，在25岁适龄青年中有44%的人开始接受高等教育。在父母有一方获得研究性学位（如硕士上学位或博士）的毕业生中，83%的人很有可能选择继续深造。在父母有一方有过较长时间高等教育经历（至少3年以上）而没有获得研究性学位的毕业生中，69% 的人有可能继续深造。相比较，在父母没有接受过高等教育的学生当中，仅有 22% 的人选择继续深造。总之，父母受教育程度越高，孩子接受高等教育的可能性就越高。

在研究性别差异对高等教育机会大小的影响程度时，这一规律同样适用。研究显示，若将性别因素和社会背景综合考虑，则父母有研究性学位的女性接受高等教育的可能性较高，占比为 86%，而父母没有高等教育背景的男性，其受高等教育的机会最低，仅占 16%。

瑞典人口包括瑞典国籍和其他国籍的人员。瑞典背景的学生是指那些生于瑞典的人员，并且其父母当中的一方生于瑞典。国际背景的瑞典人指出生于其他国家，或生于瑞典但其父母生于国外的人员。来瑞典学习的留学生不算作瑞典人口，没有取得居住许可证的新近移民也不被包含在具有瑞典背景或国际背景的学生人数中。对 25 岁的适龄青年的研究显示，在接受高等教育的人员中，具有瑞典背景的人员占 44%，具有国际背景的人员占 42%，两者比例基本接近。由此可见，具有瑞典背景或国际背景的人员享有均等的高等教育机会。

如果将具有国际背景学生的出生地和移民年龄考虑在内，则受高等教育的人员比例会有所不同。生于 1989 年且在 7 ~ 18 岁完成义务教育之后来瑞典接受高等教育的学生仅占 33%。对于那些出生在国外、7 岁之前来到瑞典的人员，受高等教育的比例为 47%；对于父母双方出生在国外而本人出生地在瑞典的人员，受高等教育的比例为 46%。因此，在具有国际背景的这两个群体中，继续接受高等教育的人数比例要高于具有瑞典背景的人员。[29]

七、就业状况分析

学生就业状况也是反映高等教育质量的一个重要侧面。下面将着重阐述瑞典高等教育毕业生的就业情况。

瑞典高等教育署对2011/2012学年毕业的42 870名毕业生的研究显示，2013年，这些毕业生的就业率为81%。其中，男性毕业生（13 320人）就业率为81%，女性毕业生（27 980人）就业率为80%，男女毕业生就业比例基本相当。

在2011/2012学年毕业的学生中，获得专业学位的毕业生人数为23 960人，获得一般性学位的毕业生人数为14 780人，获得美术、应用与表演艺术学位的毕业生人数为560人。2013年，专业学位毕业生的就业率为86%，一般性学位毕业生的就业率为74%，而美术、应用与表演艺术学位毕业生的就业率为38%。由此可见，不同学位的毕业生同一时期的就业率不同，专业学位毕业生就业率较高。

此外，瑞典高等教育署还对具有瑞典或国际背景的毕业生就业状况差别进行了分析。这里具有国际背景的人员是指父母或本人出生在国外的人员。

研究显示，2013年，具有瑞典背景的毕业生就业率为82%，具有国际背景的毕业生就业率为73%，前者比后者高出9%。具有国际背景的女性毕业生就业率（74%）高于男性（70%）毕业生就业率。那些父母生于国外而自己出生在瑞典的毕业生就业率最高，达到78%。而那些出生在国外的毕业生就业率略低，为71%。出生在国外的毕业生就业率在65%～75%。以上数据仅基于瑞典本国的就业率，没有把毕业生在其他国家就业的情况包括进来，这可能是具有瑞典或国际背景毕业生的就业率不同的一个原因。[30]

此外，瑞典高等教育署在国际背景下对高等教育毕业生就业状况所做的研究显示，[31]高等教育增加了就业概率，降低了失业风险。在所有欧共体国家中，接受高等教育的毕业生就业率高于接受中等教育的毕业生就业率。欧共体国家年龄在25～64岁接受过高等教育人员的平均就业率为83%。相对应，瑞典高校毕业生就业率为89%，比欧共体平均就业率高出6个百分点，在欧共体国家中就业率较高。

对于多数欧共体国家，年龄在25～64岁接受过高等教育的人员失业率低于接受过中等教育的人员失业率。受过中等教育人员的失业率低于受过初等教育的人员失业率。

在欧共体国家中，接受过高等教育人员的适龄从业人员（年龄在25～64岁）失业率为5.2%，相应地，在瑞典这个数字为4.0%，低于欧共体国家的平均失业率。接受过中等教育人员的失业率在瑞典（失业率为4.9%）和欧共体国家（失业率为7.8%）都高于接受过高等教育人员的失业率。因此，瑞典成人的失业率低于欧共体平均失业率。受过中等以下教育人员的失业率较高，这一点瑞典与欧共体的平均值基本相同，瑞典为12.6%，欧共体为12.7%。对于刚刚完成高等教育（年龄在25～34岁）人员的失业率，瑞典为4.9%，欧共体为7.6%。

对于年轻群体（年龄在25～34岁），自2007年以来，瑞典受过高等教育人员的就业率高于欧共体的平均水平，而失业率低于欧共体的平均失业率。因此，在此期间瑞典高等教育处于良性发展态势。

瑞典高等教育署研究报告数据显示，2009年经济危机对很多欧共体国家造成了严重的负面影响，而瑞典所受影响相对较小，这可以从两者之间的失业率对比看出。

另外，从男女就业情况来看，在欧共体国家中，男性就业率高于女性就业率，这种差距因教育程度不同而更加明显。年龄在 25 ~ 34 岁，男性与女性就业差在 2005—2014 年有所减少，从 4.7% 减少为 3.2%，而欧共体国家的平均男女就业差保持在 9%。在没有受过高等教育的人群中，这种就业性别差距更加明显。

然而，2013—2014 年，在瑞典接受过高等教育的男女失业率差距增大，其中女性失业率从 5.2% 下降为 4.6%，男性失业率保持不变，为 5.3%。这一时期欧共体国家男女失业率差距不变。

2004—2014 年，瑞典女性和男性失业率均呈下降趋势。女性失业率下降最多。不管何种教育程度，男女性就业率都有所上升。与此同时，欧共体国家女性和男性，无论其受教育程度如何，失业率均有所下降。

虽然瑞典是欧共体国家中接受高等教育人群男女就业率差距最小的国家之一，但是如果把全职人员考虑进来，其状况也会有所不同。在欧共体国家中，接受过高等教育且年龄在 35 ~ 44 岁的人员中，平均 80% 的男性和 58% 的女性拥有全职工作，男女性就业率差为 22%。在瑞典，83% 的男性和 59% 的女性拥有全职工作，男女就业率差为 25%，高于欧共体国家平均水平。

八、教师与科研人员状况

在瑞典，政府雇用人员中的 30% 就职于高等教育机构。按全职当量（Full Time Equivalents，FTEs）计算，这个比例约为 24%。

根据瑞典高等教育署发布的报告，2015 年，高等教育机构雇用人员总数为 75 000 人，其中全职当量为 60 700 人。若将第三层级的博士生除外，则高等教育机构的全职当量为 50 400 人，比 2014 年少了 200 人。在瑞典高等教育机构中，虽然博士生承担了相当一部分的教学和科研工作，但是在以下的分析数据中都不包括博士生。

按照从事工作的不同性质，高等教育机构从业人员可分为两类：一类是从事教学科研的人员；另一类是无教学科研任务的人员。根据瑞典高等教育相关法规，高等教育机构从事教学科研人员的职位类型包括：教授（Professors）、高级讲师（Senior Lectures）、讲师（Lecturers）、职业发展职位（Career Development Positions）等。职业发展职位是《瑞典高等教育管理条例》于 2012 年 8 月 15 日新提出的一个职位类型，主要包括博士后研究人员（Post-Doctoral Research Fellows）和副高级讲师（Associate Senior Lecturers）。[32]

2015 年，教学科研人员全职当量为 29 200 个或 34 900 名个体人员。2014—2015 年，教学科研人员增加了 100 个全职当量人员，或 240 名个体人员。没有博士学位的教学科研人员占 15%，有博士学位的教学科研人员占 12%，有教学科研任务的其他人员（包括博士后和助教）占 10%。

2005—2015 年，高级讲师人数由 6 230 人增加为 8 580 人，增幅为 38%。这一时期，女性高级讲师人数明显上升。过去十年，教授人数也有所增加。从 2005 年以来，教授人数增长了 1 160 个全职当量。相对数量比较，教授人数增长了 30%。然而，2014—2015 年，虽然女性教授人数增加了，但是男性教授人数却减少了。相比较，讲师人数呈下降趋势。尽管讲师仍占教学科研人员总数的最大比例，但是从 2005 年以来，高等教育机构讲师人数持续减少。2015 年，全职当量讲师人数为 4 920 人，与 2014 年相比减少了 160 人，与 2005 年相比减少了 1 400 人。讲师人数从 2005 年以来平均每年减少 140 个全职当量。

讲师不需要博士学位，近几年讲师人数下降在某种程度上源于高校倾向于聘请拥有博士学位的教师，以加强高校科研实力、提高第一及第二层级课程和专业知识的讲授水平。

2015 年，职业发展职位继续增加，拥有 2 910 个全职当量岗位。从 2005 年开始，职业发展职位数量全职当量增加了约 1 800 个，其中博士后占据大多数。最新的雇用形式出现于 2008 年。2005—2015 年，博士后数量增加了 1 830 个全职当量，副高级讲师增加了 390 个全职当量，而博士后研究人员减少了 430 个全职当量。

2005—2015 年，在职业发展岗位上的女性雇员几乎增长了 3 倍，从 466 人增加到 1 310 个全职当量人员。2005—2015 年，男性雇员增加了近 2 倍，从 640 人增加至 1 600 个全职当量人员。

从聘用形式来看，与其他公共部门相比，高等教育机构从业人员大部分签署固定期限合同。2015 年，教学科研人员在十人中有三人签订固定期限合同。2014—2015 年，高等教育机构中的固定期限合同从业人员占比由 31% 下降到 30%。近八年，固定期限职位逐渐减少了近 4%。

与 2008 年相比，2015 年拥有博士学位的其他类型教学科研人员以固定劳动合同形式雇用的人数明显减少，占比由原来的 70% 下降到 33%。这一类型人员现在通常以外部资助项目形式被聘用。固定期限人员减少与从 2008 年以来科研经费增加正好吻合。

2015 年，以固定期限聘用的女性多于男性，前者占 32%，后者占 29%。在其他类型的岗位中，女性通常比男性更倾向于选择固定期限聘用形式。

一般来讲，教育科研人员男女比例接近平衡。2005 年，从事教学科研的人员中女性占 40%，2015 年，女性所占比例增长为 44%（全职当量）。其他类型岗位女性所占比例为 40% ~ 60%，教授除外，女教授占比为 26%。

为了确保女性教授所占比例，瑞典政府在 2012—2015 年设定的女性教授目标比例为34%。这一目标比例基于不同研究领域的聘用基数（高级讲师和博士后研究人员人数）。目标包括升任至教授和访问教授，但不包括兼职教授。从1997年就设定了这样的目标，2009—2011年除外。女性招聘目标比例为四年一期，不管其目前是否在高等教育机构从业。

自2005年起，女性高级讲师所占比例从35%升为46%。由于高级讲师人数较多，因而对教研人员性别比例有很大影响。高级讲师是教授前的职级，女性高级讲师人数增加意味着女教授比例在未来也会逐步提高。

不同专业领域女雇员所占比例不同。工程领域女性所占比例最小，为24%；其次为自然科学领域，女性占比为29%；女性最多的领域为医学和健康科学，占比为58%。[33]

九、高等教育费用支出与经费收入状况

先来看瑞典高等教育的费用支出情况。2015年，瑞典教育和科研财政支出总额为667亿瑞典克朗（按1瑞典克朗=0.94元人民币计算，约合人民币627亿元），占瑞典国内生产总值（GDP）的1.6%，比前几年要低，这是因为瑞典2015年GDP增速高于高等教育支出。

高等教育总支出包括资助学生费用和中央政府投入高等教育的各项费用。2015年资助学生费用达到97亿瑞典克朗，中央政府直接拨款5亿瑞典克朗。也就是说，2015年高等教育总支出为769亿瑞典克朗，占瑞典GDP总额的1.85%。

不同高等教育机构间费用支出不同。拥有完全大学资格的最大高等教育机构，费用支出可达十几亿瑞典克朗。2015年隆德大学的

教育支出最多，为78亿瑞典克朗。那些仅提供美术、应用与表演艺术课程的最小公共高等教育机构，其2015年教育支出在1亿~3亿瑞典克朗。最小的私立学校教育支出仅有几百万瑞典克朗。

瑞典高等教育机构的收入和科研经费来源有几个渠道：政府拨款、学费、签约教育服务项目、竞争性科研项目经费等。高等教育机构因其类别不同，所以每种渠道获得的资金份额不尽相同。通常来说，公立大学的主要资金来源是政府拨款，而私立大学很少能获得政府资助。

2015年，瑞典高等教育机构各项经费收入总计669亿瑞典克朗，与2014年相比增加了6亿瑞典克朗。增加的经费中有4亿瑞典克朗用于第一、第二层级课程和专业建设，仅有2亿瑞典克朗用于科研和第三层级课程及专业建设。2015年，第一、第二层级课程和专业建设经费达到277亿瑞典克朗，用于科研和第三层级的课程和专业建设经费总额为388亿瑞典克朗。

与很多国家不同，瑞典高等教育机构承担了大量政府资助的科研项目。因此，1997—2015年投入到高等教育机构科研和第三层级课程及专业建设的经费要多于第一、二层级课程和专业建设经费。这种差别在近十年尤其明显。2005年，科研和第三层级课程及专业建设经费为40亿瑞典克朗，多于第一、二层级课程和专业建设经费。2015年，两者经费差距上升至110亿瑞典克朗。造成差距的原因是从2005年起，投入科研和第三层级课程专业的建设经费增长较快。

对于没有完全大学资格的高等教育机构，大多数经费用于第一、二层级课程的专业建设，其所占比例为78%；而少部分用于科研和第三层级课程的专业建设，其所占比例为22%。

第一、二层级的大多数学生不需支付费用，这是因为这阶段的学习由瑞典政府直接拨款资助，通常瑞典议会通过决议授权政府直接拨款给高等教育机构。然而，从 2011 年秋季学期起，来自欧盟/欧洲经济体和瑞士以外国家的入境国际生需要交纳学费。第一、二层级高等教育经费大部分源于政府直接拨款，2015 年政府拨款总额达到 240 亿瑞典克朗。与 2014 年相比，政府拨款金额增长了 1.2 个百分点。大部分的政府拨款用于第一、二层级课程专业建设，2015 年这部分拨款达到 223 亿瑞典克朗；用于其他项目的政府拨款 2015 年达到 17 亿瑞典克朗。

除了常规教学活动外，高等教育机构也以不同劳务形式提供签约付费教育和付费课程。2015 年，源于这些签约服务的收入总额为 15 亿瑞典克朗，占高等教育机构第一、二层级课程专业建设经费总额的 5%。收费教育项目主要向政府机构提供（占比为 60%），同时也向市县议会（占比为 17%）和私营企业（占比为 10%）提供。2015 年，高等教育源于收费服务项目的总收入为 14 亿瑞典克朗，与近几年基本一致。

2015 年，高等教育机构源于报名费和学费的收入额达到 50.6 亿瑞典克朗。自 2011 年向欧盟/欧洲经济体和瑞士以外国家的入境国际生收取学费以来，瑞典高等教育机构源于学费的收入稳步增长。与 2014 年相比，学费收入增长了 12.7 亿瑞典克朗，增长了 33%。尽管如此，源于学费的收入在第一、二层级经费中仍然只占一小部分，2015 年占比为 2.1%。

收取学费以来，从 2013 年起政府拨款减少了 53.9 亿瑞典克朗（这部分钱以人均资金形式返给了高等教育部门）。2015 年，瑞典高等教育机构学费收入总额达到 50.6 亿瑞典克朗，这意味着学费收入没有达到减少的政府拨款数额。

而在第三层级中，2015 年科研和第三层级课程专业建设经费中的71%来自政府直接拨款。除了政府拨款外，相当一部分科研经费来源于科研委员会和其他公共机构，这部分经费占比接近50%。除了公共部门，私有基金和其他非营利组织也是经费的重要来源，2015年这部分经费占比为11%。此外，来自欧盟——主要通过其框架项目所获得的科研经费占比为4%；来自瑞典境外（主要为竞争性科研项目经费）的资金占比为2%。[34]

第三节　瑞典高等教育管理体制

瑞典在特定的历史和政治经济环境下，通过行政、立法、经济等手段不断调整政府对高等教育的协调与控制作用，实现了促进高等教育培养人才、促进科技经济发展和服务社会等目标。尤其是进入20世纪以后，在欧洲一体化进程和博洛尼亚进程的推动下，瑞典高等教育管理体系实现了以中央集权逐渐到大学自治的重大转变，具有鲜明特色。

一、瑞典高等教育政策的发展与转变

当代瑞典高等教育政策发展可以划分为三个阶段：

第一阶段为1950—1977年。这一阶段高等教育政策的主要特点是扩张与整合。为了使更多瑞典公民享有接受高等教育的机会，瑞典政府开始增加教育投资，广设高等教育机构。在1976年之前，瑞典高等教育系统隶属于议会，政府严格管控高等教育机构的所有事务。1977年，《瑞典高等教育法令与条例》（*Swedish Higher Education Law and Ordinance*）的颁布，引起了瑞典高等教育政策的第一次大

规模改革。根据该法，高等教育体系进行了重新整合，原来的大学、大学学院、机构、职业学校（Vocational Schools）整合为独立体系的大学系统（the Hogskola），隶属于瑞典教育与科学部，受《瑞典高等教育法令与条例》管制。在新的体系下，高等教育课程计划和招生人数受瑞典大学与学院国家管理委员会（National Swedish Board of University and Colleges，UHA）监督，大学的课程设置更趋向于就业市场导向，以提高学生的就业能力。此外，具有完全大学资格的高等院校地位得以提升——是唯一可以从中央政府获得研究经费的高等教育机构。从高等教育机构管理人员的构成情况来看，除了大学校长由政府指派外，这次改革后不同社会利益团体，包括学生团体、贸易协会等都在学校董事会中获得了相应数量的席位，参与大学的管理，但中央政府集权管理模式仍主导高等教育系统。[35]

第二阶段为1978—1992年。中央集权管理模式在高等教育系统中得到进一步加强。在1977年改革后建立的新大学系统下，高等教育机构并没有被赋予很多的自主权。高校董事会虽有外部利益团体代表的席位，但在大学治理中并没有发挥出主导作用。这一时期，政府在高等教育系统中仍发挥主要监管和指导作用。大学的专业与课程设置、招生制度、招生人数、资源配置、人事权力等影响大学运营的主要管理权限仍集中在瑞典政府或其下设的管理机构。由于新的大学系统缺乏弹性，而且公共服务效率低下，高等教育机构运行效能没有达到预期目标，因此民众开始对高度集中的高等教育管理模式提出质疑。1992年，非社会民主联合政府提出《关于大学与大学学院自主权备忘录》（*Memorandum on Independence of Universities and University Colleges*）。该文件引发了瑞典高等教育的第二次深刻改革。[36]

第三阶段为1993年及以后。这一阶段高等教育政策的主要特点是政府管制权力逐步下放，以提高大学系统的弹性与效率，并增强高等教育的国际化水平和竞争力。1993 年，瑞典高等教育开始了管理机制的重组与改造，解散了瑞典大学与学院国家管理委员会，成立了瑞典国家高等教育局（National Agency for Higher Education，现为 Swedish Higher Education Authority，即“瑞典高等教育署”）、高等教育上诉委员会（Board of Appeal for Higher Education，现名称为 Higher Education Appeals Board）等新的隶属于政府的管理机构。这一时期，瑞典高等教育政策旨在引进新的大学管理理念，由中央集权制开始向“目标导向”方式转变，以政府治理原则为基础，逐步解除更多的管制，增强大学自主性，注重提升大学的绩效。[37] 进入 21 世纪后，瑞典政府出台了一系列高等教育改革法案。2004 年的《新世界—新大学法案》（*New World-New University*）和 2008 年的《知识没有疆界——全球化时代下高等教育法案》（*Knowledge Without Borders—Higher Education in the Era of Globalization*）都侧重于提升高等教育国际化水平和国际竞争力。2009 年的《今日与当代的学术界法案》（*Academia for This Day and Age*）旨在使高等教育机构在政府现行框架内拥有更大的自主性，提升大学的运行效能。[38]

通过一系列改革，大学的自主权得到了进一步增强，大学校长和董事会获得了更多的治理权限，包括自由设置大学内部组织和调控资源分配等，大学教学质量和运行效能得到了改善；政府在高等教育管理中的作用进一步被削弱，将人事、资源调配、课程设置、入学标准制定等权限下放给了高等教育机构。

二、瑞典高等教育现行管理体制

在瑞典，高等教育和科研的最终管辖权归属瑞典国家议会（the

Riksdag）和政府，有关高等教育的相关法律法规都由议会或政府出台。瑞典政府在高等教育中的职责包括：授予大学资格；制定高等教育法规；提供高等教育课程和专业所需的资金；提供科学研究所需的资助；任命高等教育机构董事会主席；监管与高等教育事务相关的其他机构等。瑞典教育与科研部（Ministry of Education and Research）是瑞典政府下设的十大职能部委之一，专门处理与中小学、高等教育机构、成人教育、大众教育和学生资助相关的事务。在瑞典，公立高等教育机构直接向政府和教育科研部负责并汇报工作，瑞典农业科学大学（Swedish University of Agricultural Sciences）除外，该校向瑞典农业事务部（Ministry of Rural Affairs）负责。

瑞典国家议会决定高等教育机构的资金分配额度。第一、二层级的拨款额度取决于学生人数和学生获得的学分数，政府给予第三层级的财政支持主要参照以往拨款基数，并依据“论文发表数”和“被引情况”增加额外比例的激励资金。此外，公立高等教育机构的设立由国家议会决定，而完全大学资格（Full University Status）的授予由政府意志主导。没有完全大学资格的高等教育机构无权颁发第三层级学位资格和部分第二层级学位资格。此外，政府还通过评估来决定高等教育机构的学位授予权力。相关法律规定，所有的高等教育机构，无论是公立大学、大学学院还是私立大学或课程提供机构，均需向政府提出正式申请，经瑞典高等教育署评估之后，方可获得颁发专业学位和美术、应用与表演艺术学位的资格。由此可见，财政拨款、大学资格和学位权力授予是政府对高等教育宏观调控和管理的主要手段。[39]

除了大学和大学学院等高等教育机构以外，瑞典政府还设立了许多高等教育监管机构，它们都对瑞典教育与科研部负责。这些机构包括：瑞典高等教育署、瑞典高等教育委员会、瑞典高等教育上诉委员会、瑞典国家教育局、瑞典科研委员会、瑞典中央学生援助委员会等（详见本章第一节）。瑞典国家议会、政府、高等教育机构和其他高等教育监管机构之间的关系如图2-8所示。

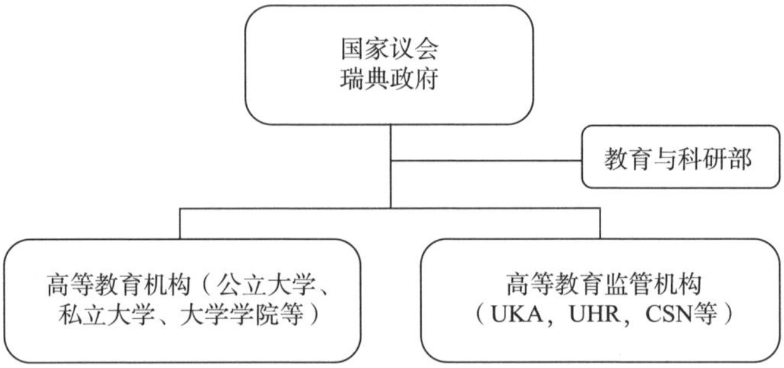

图2-8　瑞典高等教育管理组织机构

（资料来源：瑞典高等教育署官方网站，http：//english. uka. se/）

瑞典高等教育运行主要受《高等教育法》（*The Higher Education Act*）和《高等教育管理条例》（*The Higher Education Ordinance*）的约束；此外，还要受政府发布的一系列有关高等教育管理和劳动就业行政管理条例和规范的限制。在瑞典，与高等教育有关的法律法规还有：《关于高等教育实施签约教育服务的管理条例》（*Ordinance on Contract Education at Higher Education Institutions*）、《学位授予权力法案》（*Act Concerning Authority to Award Certain Qualifications*）、《关于开除学生高等教育学籍的管理条例》（*Ordinance on the Expulsion of Students from Higher Education*）、《关于向收费学生发放奖学金的管理条例》（*Ordinance on Scholarships for Students Required to Pay Tuition Fees*）、《关于高等教育机构收取报名费和学费的管理条例》（*Ordinance on Application Fees and Tuition Fees at Higher Education Institutions*）、《关于颁发高等教育学位职业教育项目招生的管理规定》（*Ordinance on Admission to Programmes Leading to the Award of a Higher Edu-*

cation Diploma in Vocational Education）、《关于颁发教师和学前教育教师资格证的管理条例》（*Ordinance on Certain Qualifications that Provide Qualified Teacher Status for Teachers and Preschool Teachers*）、《颁发高等教育学位职业教育项目文凭说明书》（*Diploma Supplement for a Higher Education Diploma in Vocational Education*）等。[40]

《高等教育法》是瑞典高等教育的根本大法。该法由瑞典国家议会颁布，主要规定了瑞典高等教育的运行机制，并提出了对瑞典高等教育的要求。《高等教育法》不仅对不同层级课程和专业的基本特征、科研自由进行了说明，还设定了高等教育机构的组织和管理基本架构，并对教师职责和学生权利义务进行了阐述。此外，《高等教育法》还特别强调了瑞典高等教育应坚持公平公正、开放办学的原则。[41]

《高等教育管理条例》由瑞典政府制定，规定了入学资格和课程专业选择标准，并对教师聘用和博士生招录、课程大纲、评分标准、学位资格等进行了说明。管理条例强调学生必须参与教学的改进。[42]

虽然受政府财政拨款、学位权力管制等宏观监控，但是瑞典高等教育机构在大学治理方面仍拥有较大的自主权，在内部管理、资源配置、科研方向制定、课程计划等方面都有独立的处置权。根据《高等教育法》和《高等教育管理条例》，高等教育机构的组织架构必须包括董事会和校长。大学董事会是大学的最高权力机关，对大学的运营和发展行使具体管理之责。

校董事会应由主席、校长和其他 13 名成员组成。董事会大多数成员由政府任命。校董事会主席由政府任命，大学校长经董事会推荐由政府任命，二者任期均不超过 6 年。董事会其他成员任期不得超过 3 年。董事会成员中的教师代表通过高等教育机构选举内部产生。学生代表在董事会成员中的人数不能超过 3 人。校长可以将一部分管理职权下放给代理校长执行，代理校长可以是一名或多名。另外，根据规定，所有被政府委派实施某一领域科学研究的高等教育机构均应设立至少一个学部董事会。若这类高等教育机构决定不再设立其他决策部门，则学部董事会也将监管相应领域的本科生教学事务。学部主任为学部董事会主席，其余成员大多为教师代表。在学部董事会和学校其他与教学事务相关的管理部门，学生代表人数至少为 2 人。除了以上规定的决策管理部门外，高等教育机构可根据需要自行设定内部组织结构和其他管理部门。[43]

三、高等教育拨款体制

瑞典高等教育机构经费主要来源于政府。政府采取直接拨款的方式给予高等教育机构资金支持。在高校的经费中，80% 来源于政府直接拨款，5% 来自其他公共资金，10% 源于私募基金。剩余的 5% 经费源于欧盟、其他国际组织或机构，包括财政收入等。

不过，第一、二层级和第三层级资金拨付所依据的基准指标不同，而且政府拨款所占比例也不同。第一、二层级主要来源于政府直接拨款，占比为 88%，而在第三层级经费中，政府拨款占比为 43%。两者的用途也不完全一样。在第一、二层级中，政府的资金主要用于课程和专业建设，但在第三层级，政府资金除了用于课程和专业建设外，还需用于科学研究。

政府给予第一、二层级的拨款主要基于两个指标：一个是不同专业领域注册学生人数（转换为全职当量，FTEs）；另一个是学生获取的学分（转换为年度业绩当量，APEs）。不同专业领域获得的政府拨款数额不同。

招生人数受“资金上限”（Funding Cap）限制。资金上限限定了每个高等教育机构能够招收的最大学生人数，也决定了不同专业领域课程和专业划分方法，这就限制了不同专业领域所能提供的席位个数。

高等教育的基本单元为课程，根据一个或几个专业领域来分类。政府通过计算全职当量和年度业绩当量来确定每个高等教育机构可以涵盖的专业领域。涵盖美术、应用与表演艺术专业的全职当量和年度业绩当量的高校只允许招收一定数量的学生。否则，由高校自己划分课程所属的专业领域。基于这些划分标准，高等教育机构被拨付不同额度的资金。

2015 年，高等教育第一、二层级招生席位（全职当量）的 40% 分布在人文、社会科学、法律和神学领域，这些领域获得的财政支持最小。由于三分之一的席位集中在工程、技术和自然科学领域，所以其余学科领域的招生席位较少。美术、应用与表演类专业获得的人均资金最高，这些领域的招生席位只占很少比例。

该拨款方式和“资金上限”适用于公立高等教育机构，瑞典农业科学大学（Swedish University of Agricultural Sciences）、瑞典国防大学（Swedish Defense University）、查尔姆斯理工大学（Chalmers University of Technology）和金雪平大学（Jonkoping University）除外。以全职当量数衡量，这些大学的招生席位占高等教育招生总席位的 97%。高校还可以依据所承担的不同任务获得政府直接拨款，比如吕勒奥理工大学（Lulea University of Technology）承担非集中教育（Decentralized Education）或林奈大学（Linnaeus University）承担记者职业发展教育。其他教育任务还包括为在瑞典以外国家毕业的学生进行补充教育或为教师提供资格培训等，这类高等教育机构通过瑞典法律、财政和行政服务局（Swedish Legal, Financial and Administrative Services Agency）接收政府提供的直接拨款。私立高等教育机构，除少数外，会接收政府的非直接拨款。

对于第三层级，政府拨款依据的指标不同。第三层级需要的新资金及原有政府直接投资的20%这两部分资金，主要依据两个“结果”（Outcome）指标来拨付，分别是外部资金筹措能力和科研生产力（发表和引用量）。这种分配原则于2009年引进，当时政府拨款中需进行重新分配的资金比例为10%，不过这个比例在2014年之后增长为20%。2016年，政府修改了资源分配模式，把大部分增加的资金拨给了没有完全大学资格的高等教育机构或新近取得大学资格的高等教育机构。2016年春天，瑞典政府要求瑞典科研委员会对现有的分配模式进行调整，资源分配以“科研产出”和“论文引用”两个指标为基准。

除了直接拨款外，政府还调配科研委员会和其他公共机构的经费来资助科研活动。虽然这些资金由政府政策决定，但分配方式也是竞争性的。

第四节　瑞典高等教育的国际化

如前文所述，在欧洲一体化背景和博洛尼亚进程的推动下，欧洲高等教育国际化迅速发展，瑞典也以此为契机积极融入欧洲高等教育区体系，推动本国高等教育的国际化发展。在瑞典政府的推动下，瑞典的高等院校和相关机构给予了积极的回应并参与了该进程。它们在促进欧洲高等教育区建设、欧洲学位资格框架体系构建、欧洲学分积累与转换体系的普遍采用、联合学位计划开发等方面发挥着积极的作用，成为博洛尼亚进程的重要推动者，同时也大大提升了瑞典高等教育的国际化水平。

一、瑞典高等教育的国际化策略

在对瑞典高等教育国际化具体情况进行分析之前，先从宏观层面简要梳理瑞典政府采取的一系列促进高等教育国际化的重要策略，主要包括以下几个方面：

（1）成立隶属于政府的专门机构，推动高等教育国际化。在这一时期，成立的机构包括瑞典国家高等教育局（National Agency for Higher Education，现为 Swedish Higher Education Authority，即“瑞典高等教育署”），专门负责调研、监控高等教育机构的国际化参与效果，并为高等教育机构提供相关信息，促进其与欧洲及世界其他国家高校开展教育交流与科研合作；瑞典高等教育委员会（Swedish Council for Higher Education）专门负责瑞典境外的学历认证，促进瑞典与欧洲其他国家间的学历互认，同时作为中介机构促进瑞典高校国际合作；瑞典学院（Swedish Institute）则发挥对外宣传的功能，是世界了解瑞典教育、文化和科研信息的重要窗口。

（2）从国家层面构建海外招生平台，统筹留学生招生工作。2003 年，瑞典建立了面向国际生的全国统一招生网站（https：//studyinsweden. se），发布瑞典教育政策和高校招生信息，这一网站沿用至今。在该网站上，学生可以找到有关留学瑞典的所有信息，包括瑞典高等院校信息、开放的专业课程简介、供海外留学生的各类奖学金介绍和申请流程、报名录取步骤、瑞典学习生活状况等。国外学生只需登录一个网站便可全面了解瑞典高等教育的详细信息，极大地方便了学生进行留学申请。该网站与瑞典的高等院校终端直接连接，只要学生填入报名信息，系统就会自动归纳过滤信息，高校管理者授权登录后，便可了解学生的报名信息。这样既利于信息互通，又利于统筹高等教育资源，对扩大留学生招生规模具有积极的促进作用。

（3）改革学费制度，设立奖学金，提升高等教育的国际竞争力。在瑞典，高等教育通过纳税人资助，原则上高校不向学生收取学费。在这一体系下，学生不分国籍都可以申请免费的高等教育机会。然而，随着留学生人数的逐步增加，为了减轻税负压力、改善高等院校的资金来源、吸引优秀国际生来瑞典深造，基于瑞典高等教育署的调研和建议，自2011年起，瑞典开始向来自欧盟/欧洲经济体/瑞士以外国家的入境国际生征收学费。与此同时，设立了多项针对海外留学生的奖学金，并放松了对入境国际生就业的限制，增强了瑞典高等教育的吸引力。

（4）积极参与欧盟资助计划，大力开发多双边交流资助计划，促进教师、学生的国际流动。这些项目主要包括：①欧盟的“伊拉斯谟”及“伊拉斯谟+”（Erasmus & Erasmus+）计划，资助瑞典与欧盟各国间的教育合作；②“艾森默朵瑞典”（ASEM－DUO Sweden）项目，资助瑞典和亚洲相关国家高等院校开展学生交换项目，需要双方学生联合申请，资助学习时间通常为4~6个月；③“里尼帕默”（Linnaeus－Palme，LP）项目，资助瑞典与发展中国家高等教育机构间开展以教师和学生交流为基础的项目合作，主要面向本科和硕士研究生层次；④“小型调研”（Minor Field Studies，MFS）项目，资助瑞典高校学生到发展中国家开展实地考察研究，调研领域应与学生的学科方向相关，还应侧重于对国家经济、社会或政治发展能够产生影响的相关现实问题；⑤“北欧+”（Nordplus）是北欧部长议会（the Nordic Council of Ministers）项目，旨在促进北欧与波罗的海国家在基础教育、高等教育和继续教育方面的合作，相关机构可联合以项目形式申请资助；⑥“青年培训项目”（the Youth

Trainee Programme)，资助年龄在 20～30 岁的瑞典青年到发展中国家驻瑞典企业实习，要求至少有 4 个月的境外实习经历；⑦“研究训练伙伴计划”（Research Training Partnership Programme)，资助瑞典高等教育机构与国外院校开展博士层次的联合项目，这些国家必须是在科研领域与瑞典有长期合作关系的国家；⑧“思达旅行资金”（Sida's Travel Grant）项目，资助那些在国际组织无薪岗位上工作的新近瑞典大学毕业生，通常这些国际组织指的是联合国或一些欧盟组织。学生完成实习后需所在实习单位出具在外工作的时间证明。[44]

（5）加入相关国际联盟，与欧洲和国际高等教育组织开展国际合作，促进高等教育质量的提升。瑞典是欧洲高等教育认证联盟、欧洲高等教育质量保障协会、北欧高等教育质量协会、国际高等教育质量保障协会、经济合作与发展组织高等教育项目组等国际组织成员。[45]

2014 年，瑞典加入欧洲高等教育认证联盟（The European Consortium for Accreditation in Higher Education，ECAHE)。该联盟成立于 2003 年，其宗旨是促进欧洲各国之间学历和质量标准的互认，共有来自 15 个国家的 11 个成员国。

2000 年，即欧洲高等教育质量保障协会（The European Association for Quality Assurance in Higher Education，ENQAHE）成立之初，瑞典就成为该成员国之一，其宗旨为促进欧洲各国在高等教育质量保障方面的合作和经验交流，以提升欧洲范围内的高等教育质量。该协会规定，所有会员国须每五年对高等教育进行一次评估。

国际高等教育质量保障协会（The International Network for Quality Assurance Agencies in Higher Education，INQAAHE）是一个世界性组织，在全世界范围内有 200 个会员，旨在促进各国高等教育质量

保证方面的理论研究和实际合作。

北欧高等教育质量协会（Nordic Quality Assurance Network in Higher Education，NOQAHE）是北欧地区高等教育交流的信息平台，旨在促进北欧地区高等教育质量保障方面的交流与合作。

经济合作与发展组织高等教育项目（OECD's Higher Education Programme）是经济合作与发展组织永久性的教育交流平台，旨在促进世界教育行业的信息互通和经验分享。

二、瑞典高等教育国际流动状况

在政府的推动下，瑞典高校和相关机构积极响应各项国际化策略，极大地促进了在高等教育范围内学生和教师的国际流动。

（一）学生流动状况

1. 入境国际生

学生国际流动既包括来瑞典学习的学生，称为入境国际生，也包括去瑞典以外国家留学的学生，称为出境留学生。在这当中，根据项目类型，入境国际生可以分为交换生和自由流动学生（Free Movers）。此外，从2011年7月1日起，来自欧盟、欧洲经济体和瑞士以外国家的学生到瑞典学习（交换生除外）需要交纳学费。所以，自由流动学生还可以分为付费生和非付费生。下面将对不同类型的入境国际生流动情况进行分析。[46]

在2005/2006—2014/2015学年，瑞典每学年的入境国际生总人数在24 000～46 000人，这期间，人数最多的是2010/2011学年，超过了45 000人，与人数最少的2005/2006学年相比，增长了80%左右。在2014/2015学年，瑞典的入境国际生总人数达到了33 180

人，其中60%为自由流动学生。这是因为自由流动学生通常在瑞典滞留时间较长，会完成整个学位专业，而交换生只在瑞典选修一部分课程，滞留时间相对较短。

自2010/2011学年以来，瑞典的入境国际生总数在2014/2015学年出现首次增长。这一增长主要是自由流动学生人数增长导致的，2014/2015学年自由流动学生人数为19 730人，与2013/2014学年相比，增长了6%。而前几年入境国际生人数下降主要是征收学费导致的。

下面主要分析来瑞典的国际新生情况。国际新生在此指初次来瑞典接受高等教育的入境国际生。2015年秋季，来瑞典学习的国际新生人数为16 510人，其中交换生占总数的53%，47%为自由流动学生。这是在连续3个学期呈下降趋势后，国际新生人数的首次增长。与2014年秋季学期相比，2015年秋季学期交换生人数增长了3%，而自由流动学生人数增长了10%。在自由流动学生中，2015年秋季学期付费新生人数为2 510人，与2014年秋季学期相比，增长了9%。

从整个学年来看（如图2－9所示），在2006/2007—2014/2015学年，来瑞典留学的国际新生总人数为18 000～30 000人。在2006/2007—2010/2011学年，国际新生总人数呈增长趋势，由2006/2007学年的18 000人增长至2010/2011学年的约30 000人。从2011/2012学年开始，国际新生总人数降到最低点，约20 000人，这是瑞典从2011年开始向来自欧盟以外的学生征收学费所致。之后，国际新生总人数缓慢上升，基本维持在20 000多人。自学费征收政策实施以来，影响最大的是来瑞典留学的自由流动新生，从图2－9中可以看出，其人数增减趋势与国际新生总人数基本一致，2011/2012学年人数最少，这是因为这部分人群中包含需要支付学费的、来自欧盟以外国家的自由流动新生。与之相反的是，交换新生人数在这十年间并没有出现明显的起伏，从2006/2007学年开始，基本一直保持缓慢上升的态势，人数维持在10 000～15 000人。征收学费政策的施行对交换新生人数没有多大影响，这是因为这部分学生不需要交纳学费。

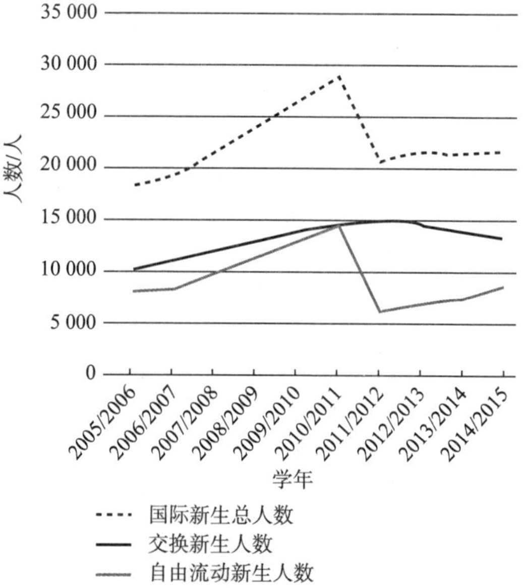

图2-9　2005/2006—2014/2015学年瑞典入境国际新生流动状况

（资料来源：*Higher Education in Sweden—2016 Status Report*）

到2014/2015学年，国际新生总人数达到21 770人，与2013/2014学年相比，国际新生总人数增长了2%。其中，交换新生人数为13 210人，与2013/2014学年交换新生人数（13 800人）相比，略有下降；而自由流动新生人数达到8 560人，与2013/2014学年相比，增加了1 080人，增幅为14%。

从性别比来看，男女性别比例基本持平。在2014/2015学年的交换新生中，女生所占比例为55%，男生所占比例为45%；而在自由流动新生中，男生占52%，女生占48%。

在2014/2015学年，有三分之一的自由流动新生为付费生。与2013/2014学年相比，这部分学生人数有所上升，从之前的1 840人增长到2 820人，增幅达53%。

在2014/2015学年，国际新生在所有新入学学生人数中占有很大比例：约4个新生中就有1个是国际生。

从地域分布来看，在2014/2015学年的21 770名国际新生中，51%来自欧盟/欧洲经济体国家和瑞士；35%来自欧盟/欧洲经济体和瑞士以外的国家；15%来自其他国家。

在2014/2015学年，国际新生大多来自德国、法国和中国。这一特征适用于整个国际生，也适用于交换生。印度是自由流动生最大的来源国，其次是芬兰、中国。

与2013/2014学年相比，2014/2015学年来自欧盟/欧洲经济体和瑞士以外国家的国际新生人数增长了16%，人数达到7 560人。国际新生一半以上来自亚洲，20%来自北美。在2013/2014学年，来自亚洲的国际新生人数增长了20%，而来自北美的国际新生人数与2013/2014学年相同。来自非洲的国际新生人数与2013/2014学年相比几乎翻番，从2013/2014学年的320人增长到2014/2015学年的630人，增长比例最高。

2. 出境留学生

离开瑞典到国外学习的学生称为出境留学生。这部分学生可以分为三类：自由流动学生、交换生和语言生。

与入境国际生人数相比，出境留学生人数较少。在2005/2006—2014/2015学年，瑞典的出境留学生人数维持在24 000~30 000人。从2008/2009学年以来，出境留学生人数尽管增幅不大，但每年都在递增。在2014/2015学年，出境留学生人数达到29 100人，与前一学年相比增加了170人。在所有出境留学生人数中，自由流动学生占66%，交换生占25%，语言生占10%。

从性别比例来看，在2014/2015学年，出境留学生中女性多于男性。交换生和自由流动学生的男女生比例差别不大，在7 180名交换生中，57%为女性，43%为男性；19 250名自由流动学生中，女性占比为59%，男性占比为41%；语言生中，女性占61%，男性占39%。

从地域分布来看，多数瑞典学生的留学目的地仍为美国或英国。在2014/2015学年的出境留学生中有一大部分选择在其他欧洲国家留学，占比约60%。尤其是很多学生选择去欧盟国家留学。除欧洲之外，北美地区是最受学生欢迎的留学地区，吸引了约22%的学生，其中88%去北美学习的学生选择去美国留学。从特定留学国家来看，美国是首选，其次是英国。去美国留学的学生占出境留学生总人数的20%，而去英国留学的占18%。尽管去澳大利亚留学的学生人数仅占出国留学总人数的6%，但澳大利亚仍然是第三大留学首选地。

交换生经常去的国家依次为美国、英国和澳大利亚。美国和英国也是自由流动学生的首选地，其次是波兰。最近几年去波兰留学的学生人数增长明显，2010/2011—2013/2014学年增长了33%。其中一个主要原因是近几年很多学生去波兰学习医学。

从全球范围来看，2013年，约有400万名学生在国外留学。澳大利亚、卢森堡、新西兰、瑞士、英国和奥地利接收的留学生人数最多。亚洲学生占全部留学生人数的53%，其中中国、印度和德国的出境留学生人数最多。两个国家间学生流动最多的为中国和美国之间，仅2013年一年两国学生流动人数就达到225 000人。与往年相比，虽然瑞典的学生流动频次也有所增加，但与上述国家相比仍微乎其微。2013年，瑞典的出境留学生人数在全球留学生总人数中占比不到0.5%。

（二）教研人员国际流动状况

根据瑞典高等教育署2015年所做的调研，[47]在受访的2 400名教研人员中，51%的人员给予了回应。在回应人员中，37%的人员赴国外进行过教学或科研活动，其中女性占31%，男性占41%，且均为教授。58%的教授有过海外经历，其中女性占60%，男性占58%。

相当一部分博士后研究人员、助理高级讲师和博士后也有过海外经历，50%以上的人赴国外进行过教学或科研活动。根据调研结果，讲师的国际流动性最差，仅有17%的人有过海外经历。

在回应者中，24%的人员赴海外主要是进行科研活动；12%的受访者回应赴海外是为了进行科研和教学活动；9%的人员主要是为了进行教学活动；7%的人员主要是为了进行海外学习。

关于海外经历时间长短方面，69%的受访者在海外至少停留4周时间。男性和女性在海外停留时间长短不同。女性在海外停留时间少于5周的占73%，男性占66%；在停留至少12周的人员中，男女比例基本一致。

由此可见，女性的国际流动性低于男性，且在国外停留时间短于男性。这与欧盟委员会所做的类似调研结果基本一致。

第三章　瑞典高等教育质量保障体系

由于博洛尼亚进程的终极目标是增强欧洲高等教育区的吸引力和国际竞争力，因此加强高等教育质量保障是欧洲高等教育区建设的核心目标。从 2001 年布拉格部长会议开始，历次教育部长会议都强调了质量保障建设的重要性。经过多年的论证，2005 年卑尔根欧洲部长会议最终采纳了欧洲质量保障协会（European Association for Quality Assurance，ENQA）起草的“欧洲高等教育区质量保障标准和基本原则”（Standards and Guidelines for Quality Assurance in the European Higher Education Area，ESG），并要求欧洲各国每五年对各国高等教育进行一次全面质量评估。在博洛尼亚进程的推动下，瑞典政府参照欧洲高等教育区质量保障标准与基本原则，建立了符合瑞典高等教育特点的完善的质量保障体系。

第一节　欧洲高等教育区质量保障标准与基本原则

欧洲高等教育质量保障标准和基本原则是欧洲高等教育区质量

保障的基石，是确保欧洲各国高等教育学历可比性和互通性的重要依据，主要由三个方面的内容构成：一是欧洲高等教育机构内部质量保障；二是欧洲高等教育外部质量保障；三是外部质量保障机构本身的标准和基本原则。然而，欧洲高等教育区质量保障标准与基本原则并不是一蹴而就的，而是与欧洲各国质量保障制度密切相关的，是欧洲各国高等教育质量保障机制的提炼与升华。从 20 世纪八九十年代起，欧洲各国就开始注重探索和创新高等教育评估制度，经过多年的发展，逐步形成了以瑞典为代表的独立“委员会”评估制度、以英国为代表的“中介式”评估制度、以法国为代表的“中央集权制”、以比利时为代表的“二元结构型”等各具特色的高等教育评估与质量保障制度。[1] 在对欧洲高等教育区质量标准与基本原则进行分析之前，有必要先对主要的欧洲高等教育评估模式进行概括梳理。

一、欧洲主要高等教育质量评估模式

根据欧洲高等教育质量保障协会委托丹麦质量评估协会于 2003 年针对欧洲高等教育区成员国家所做的调查结果，欧洲各国高等教育质量保障机制采用的评估模式主要包括质量评估、学历认定、质量审核等，而评估对象分别为机构、学程、学科和主题。基于不同的评估标准和评估对象，欧洲各国高等教育质量保障机制主要涵盖以下几个方面：机构评估、学程评估、学科评估、机构认可、学程认可、机构审核、学程标准化和学科标准化。下文将着重介绍欧洲高等教育质量评估模式。

（一）质量评估

质量评估主要指外部质量保障机构对高等教育机构的管理体制

和项目质量等方面所做的外部质量评估。质量保障侧重预定质量目标的实现程度和绩效的完成情况。在评估中，外部机构着重考查高校是否有完善的内部保障体制、充足的资源，是否采取有效措施充分调动教师和学生各方力量等，以确保高等教育各个环节具有规范性，专业项目符合相关领域的通用规则，学生能够达到设定的质量目标，所授学历与学生的实际习得能力相匹配且满足就业市场的需要，等等。通过外部质量评估，可以推动高校的自我完善和发展，促进高等教育质量的提升。

这种以结果和绩效导向为目标的质量评估模式以英国的“科研实力评估”（Research Exercise Framework，REF）最具代表性。[2] 在英国，负责高等教育外部质量评估的机构有英格兰高等教育基金委员会（Higher Education Funding Council for England，HEFCE）、苏格兰高等教育基金委员会（Scottish Funding Council，SFC）、威尔士高等教育基金委员会（Higher Education Funding Council for Wales，HEFCW）以及北爱尔兰就业与学习部（Department for Employment and Learning in Northern Ireland，DELNI）。在英格兰高等教育基金委员会的牵头下，以上四个教育质量评估机构每四年组织外部评审专家对英国高校的科研情况进行一次评估，结合实地调研、访谈等信息，出具评估报告，做出对英国高校教育和科研质量的评估结果。依据该评估结果，相关基金委员会确定对高校教育科研经费的拨付款项，以督促各高校按照质量标准改进办学方式，提升教育质量。[3]

（二）学历认定

学历认定源于美国，由非官方学术组织通过同行评议的办法，对高等教育机构的专业项目实施过程和所颁发的学历是否达到设定的目标，以及是否符合标准质量流程进行评估认定。20 世纪 90 年代后期，欧洲一体化进程的加快促进了欧洲各国之间人员流动和跨境教育的合作，欧洲各国学历学位的互通和认定成为欧洲进一步融合的重要基础，也是欧洲各国劳动力市场对跨境教育人才质量的保障，因此在《博洛尼亚宣言》发布之后，学历认定成为欧洲各国普遍关注的质量保障机制之一。

与美国不同的是，欧洲推行认可机制的机构通常不是非官方民间组织，而是获得政府补贴的半官方性质的质量保障机构。欧洲各国政府采用学历学位认定机制，用来确认高等教育机构是否符合既定的标准，也用于检验与其他国家学历学位质量的差异，并为社会各界提供有关高等教育更公开透明的信息。根据欧洲高等教育质量保障协会2003年所做的调研，学历认定成为欧洲各国普遍采用的质量保障机制之一。[4]

（三）质量审核

质量审核与质量评估比较相近，不过质量审核更侧重于对高等教育机构内部质量保障程序的审核，即对质量保障机制的运作效能进行评判。质量审核的范围包括高校质量保障机制的方针、流程和具体实施环节及效果。这一过程强调高校自我评价与自我完善的精神，外部质量审核只是对高校质量保障机制的一种监督，使之按照规范性原则和透明性原则确保教育活动的正常进行以及师生权益的保障。从涵盖的范围来讲，质量审核是质量评估的一个组成部分。

质量审核源于英国。1990年，英国大学校长委员会（Universities UK，UUK）成立了专门的学术审核部门，负责对英国各高校的质量保障流程进行审查。1992年，英国高等教育结构二元制并轨后，英国大学校长委员会又成立了高等教育质量委员会（Higher Education Quality Council，HEQC），并将原来的学术审核部门并入其中，成为独立的学术审核机构。[5] 1997 年，英国又成立了高等教育质量保障委员会（Quality Assurance Agency，QAA），取代了 1992 年英国各高校联合成立的高等教育质量委员会，与英格兰高等教育基金委员会一起负责对英国高等教育质量的评估。

上述三种质量保障模式都采用四阶段流程，包括质量保障机构计划阶段的前期准备、高校自我评估、同行评审、出具评估报告与跟进四个阶段。在博洛尼亚进程的推动下，为增强欧盟高等教育的国际竞争力，各国之间相互承认质量保障机制并进而推行泛欧的认可机构，使得欧洲各国学历认证和互通成为可能。在这一背景下，博洛尼亚进程将构建欧洲高等教育区质量保障体系纳入建设目标，委托欧洲高等教育质量保障协会起草相关质量保障标准，以确保制度的公开透明，促进欧洲各国之间相互交流经验，实现各国质量保障机制的相互认可。

二、欧洲高等教育区质量保障标准与基本原则概要

（一）欧洲高等教育机构内部质量保障标准

由于欧洲高等教育质量保障协会认为教育质量保障的主体应该是各高等教育机构本身，因此在其制定欧洲质量保障标准时，着重强调高等教育机构自身在质量保障中所起的重要作用。概括起来主要包括以下几个方面：[6]

高等教育机构内部应建立一套完善公开的质量保障政策和程序，使其成为高校管理战略的有机组成部分。高等教育机构在外部利益相关者的参与下能够通过适当的结构和程序使质量保障政策得以有效运行。这一政策能够支持质量保障政策的实施；能够使高校内部的各个组织机构如学部、学院/系以及学校管理者、教师、学生等各

方在质量保障中各司其职；能够保护学术自由，预防学术欺诈；能够抵制各种对教师和学生的歧视待遇；能够使外部利益相关方参与学校的质量保障工作。

高等教育机构应该建立一套学校内部专业设立和审批的常规机制。在这一机制下，高校开设的专业和授予的学位应符合相应的标准和目标学习成果要求。这些目标指标要有明确的规定，既要符合国家学位资格框架，又要符合欧洲高等教育区学位资格框架的相关规定。这一机制能够使专业的设置符合高等教育机构内部的发展战略目标，使学生和其他利益相关者参与设置进程；能够恰当限定学生的学习量，并使学生顺利晋级；能够遵循正规的机构审批流程。

高等教育机构应建立以学生为中心的学习、教学和评估机制。这一机制能够尊重不同的学生群体和学生的多样性需求，为学生提供多样性的学习途径，使教师灵活运用教学方法，定期评估并调整教学模式和教学方法，在为学生提供必要适当的指导的同时，鼓励学生自主学习，促进师生间的理解和融洽关系，并有适当的渠道反映学生诉求。在这一机制下，高等教育机构应该运用公开的标准、规定以及各种相关的程序对学生进行定期的、持续的评价。

高等教育机构应有涵盖学生录取、升级、学位认可和颁发全过程的系统公开管理规范。高校应该提供充足的条件和有力的支持，使学生能够按照学术轨迹完成学业，取得学位资格。特别是对于参与跨境教育的学生，高校应有相应的政策保障使其在境外的学习和学历得到有效认证。学历认可应符合《里斯本认可公约》的相关规定，并使学生的学程得到连贯的认定，学生毕业时应有相关的证明文件显示其所获得的学位资格和完成学业状况等重要信息。

高等教育机构应有确保师资队伍质量的有效机制，能够使教师招聘和晋升做到公平、透明。高校应该创造环境和提供有力支持，使教师有充足的发展机会，使教学活动有效进行，鼓励教师积极开展学术活动，加强教学与科研之间的联系，并激励教师在教学和科研方面有所创新。

高等教育机构应有充足的资金，确保学习和教学活动的正常进行，并能为学生提供足够的学习资源和有效的支持。高校提供的各种学习资源不仅包括图书馆、校舍、基础设施等物理形态的资源，还包括充足的导师、顾问、咨询师等人力资源。高等教育机构在进行资源配置时应充分考虑学生群体的多样性特征，如学生的成熟度、全职或兼职学习，以及国际学生和残障学生的不同需求，还要注重资源配置是否有利于教学模式向以学生为中心的模式转变等因素。

高等教育机构应有完善的信息管理系统，能够收集并有效分析与其教学和开设专业相关的国内外信息，包括关键绩效指标、学生人数、学生升级制度、学业完成情况、辍学率、学生对项目的满意度、学习资源及学生可用的资源配置情况、毕业生就业情况等。

高等教育机构应有公开相关信息的机制，使大众了解高校的专业项目、专业标准、预期学习目标、所授学位、教学和学习资源、评估流程、考试通过率、学生毕业率等公共信息，接受在校学生、毕业生、用人单位和其他利益群体的监督。

高等教育机构应有监控和定期评审内部专业项目的常规机制，确保专业项目能够达到预定的质量目标，符合学生和社会的需要，以不断改善专业项目的质量。在这一机制下，高校能够时时更新专业内容，使其符合学科发展的前沿需要；能够满足不断变化的社会需求，及时了解并适时调整学生的课业量，了解学生的期望和对专业的满意度等，以便为学生提供良好的学习环境和有效的支持。

高等教育机构应定期接受外部质量保障机构对高校管理和项目的评估，督促高校不断改善自身的质量保障机制，促进教育质量的提升和高校的可持续发展。

（二）欧洲高等教育外部质量保障的标准与基本原则

因为外部质量监控能更好地监控和鞭策高校各项事务的规范运作，所以除了内部质量保障机制外，欧洲高等教育质量保障协会认为高等教育机构有必要参与外部质量评估，只有这样才能不断完善内部质量保障机制，确保教育的高质量运行。欧洲高等教育质量保障协会认为，外部质量保障的标准与原则应包括以下几个方面：[7]

（1）外部质量保障程序应着重对内部质量保障程序运用的有效性进行考查。由于高等教育质量保障程序基于高等教育机构自身在确保专业项目质量和其他事项规范性方面所承担的职责，因此外部质量保障程序应对内部质量保障程序起到有力的补充支持作用，应充分认可高校在质量保障方面采取的积极措施。为了确保与内部质量保障程序的有机结合，外部质量保障程序应尊重内部质量保障程序的相关标准。

（2）外部质量保障程序应有具体可行的实施方法，确保各项质量目标的达成，同时要符合相关规定。相关利益方应参与外部质量保障实施方法的制定，并对其不断完善。实施外部质量保障程序应充分考虑其给高等教育机构带来的工作量和高校付出的成本；为高校提供质量提升方面的支持；允许高校证明为提升质量所采取的措施，并对质量监控的结果和跟进举措提供明确说明等。如果高校能够证明其内部质量保障程序的有效性，则外部质量保障程序可以比较灵活的方式进行。

（3）外部质量保障程序必须可靠、有效，有预定目标，且能够系统公开实施。外部质量保障程序应该包括高等教育机构的自我评估，如实地调研等外部评估，通过外部调研形成评估报告，并对评估结果持续跟进。外部质量保障程序的实施必须做到专业化，且具有持续性、透明性，以确保其在公众中的接受力和对高等教育的影响力。

（4）外部质量保障程序应由外部专家团成员（包括学生）来实施。拥有广泛专业知识的专家团队是外部质量保障程序的核心部分，其构成包括高等教育机构管理人员、学者、学生、雇主或专业从业人员。为了确保外部质量评估的有效性和持续性，必须慎重选择评估专家。评估成员必须具有适当的专业水平和技能，具备开展质量评估的工作能力，而且要接受必要的评估培训。

（5）外部质量保障评估所做的任何论断都应基于明确的、公开的、连贯的标准。由于外部保障评估会对高校和专业项目产生影响，因而评估时要确保公平性和可靠性。评估结果可以不同的形式体现，包括建议、评价或正式的决议。

（6）外部质量保障流程中应包含质量评估报告。质量评估报告应该公开发布，并能够以统一的风格、清晰的语言为所有参与者所知，让读者方便地获悉其决策、意见和建议。此外，还要对采取的流程和涉及的专家进行说明。为了确保质量评估报告中的有关事实数据准确无误，应在发布前让相关高等教育机构对其进行审阅，并将其反馈意见融入评估保障中。

（7）外部质量保障程序应包含相应的渠道，使高等教育机构能够就评估结果进行反馈或提出异议。为了保障高等教育机构的合法权益，并确保所做评估决议的公正性，外部质量评估必须以公开、可信的方式进行，而且要允许高校能够以合法的程序向相关机构就评估中的不合理事项或评估中的错误之处进行投诉或举报，确保外部质量评估的公正性和可信度。

（三）外部质量保障机构本身的标准和基本原则

为了保证质量评估的公正性和有效性，欧洲高等教育质量保障协会认为，实施外部质量保障流程的质量保障机构也应遵循相应的标准和原则，主要包括七个方面的内容：[8]

（1）按照欧洲高等教育区质量保障标准与基本原则，质量保障机构负责实施高等教育外部质量保障评估。为了确保外部质量保障的有效性，质量保障机构必须获得公众和高等教育机构的信任。因此，在评估前，质量保障机构应与高等教育利益相关群体，特别是高等教育机构进行事先沟通，确定其评估活动的目标、采用的方法和评估范围等事项。为了实现设定的评估目标，质量保障机构会采用不同的方法进行评估，包括评价、审核、审计、认证等。

（2）质量评估机构必须有合法的官方地位。高等教育评估机构本身必须得到欧洲高等教育领域内各教学机构的正式认可，确保其有能力和责任从事外部质量保障活动，而且应该拥有其存在的法律基础。评估机构实施的高等教育外部质量评估活动及发布的结果能够得到高等教育系统、政府、相关利益群体和公众的认可。

（3）质量保障机构应该是完全独立的，能够独立行使相关职责。质量保障机构的独立性体现在三个方面：一是组织机构的独立性，有相关的法律文书和证明材料确保其运营的独立性；二是运营的独立性，评估机构有独立的质量保障程序和方法，能够独立提名和确定外部评估专家并确保质量评估活动的自主进行；三是评估结果的独立性，能够确保其质量评估报告的结论和建议免受高等教育机构、政府部门和其他利益相关者的干扰。

（4）质量保障机构应该定期发布质量评估报告，并对评估中发现的问题进行分析和总结。这些分析报告应对现有的质量评估政策做出思考，促进高等教育机构、国家和国际层面质量保障流程的不断完善和发展。

（5）质量保障机构应该拥有合理的人力资源配置和充足的资金供给，以确保外部质量保障活动的有序进行；使公众了解其质量保障活动，并不断完善现有质量评估流程。

（6）质量保障机构应有内部质量保障体系，确保其进行的质量评估活动具有专业性、可靠性、统一性，使其评估结果真正能服务于高等教育利益相关者。内部质量保障政策主要包括以下方面：所有参与质量评估的人员应具备较高的专业水平和职业素养；设有内外部反馈机制，以不断促进质量评估活动的有效进行；设立与相关法律决策机构沟通的机制；确保质量保障机构之外的第三方开展的质量评估和提供的材料符合欧洲高等教育区质量保障标准和基本原则等。

（7）质量评估机构应委托其他评估机构对其每五年进行一次外部质量审查，以确保其符合欧洲高等教育区质量保障标准与基本原则。

第二节　瑞典高等教育质量保障框架

在欧洲一体化和博洛尼亚进程的推动下，瑞典政府成立了专门负责高等教育质量评估的机构——瑞典高等教育署（Swedish Higher Education Authority，瑞典语缩写为 UKA）①，定期对瑞典高等教育的质量和运行进行评估。依照欧洲高等教育区质量保障标准与基本原

① 瑞典高等教育署的职责包括但不限于质量保障，具体请参见本书第二章有关瑞典政府设立的与高等教育相关的政府机构。

则，瑞典政府构建了符合自身发展的高等教育质量保障体系。从形式上看，瑞典高等教育质量保障体系与欧洲高等教育质量保障协会倡导的内容基本一致，既包括高等教育机构内部质量保障，也包括高等教育机构外部质量保障，而且负责外部质量评估的机构也有相应的标准和原则；但从内涵看，瑞典高等教育质量保障体制更为完善丰富，且可操作性更强，对世界各国高等教育质量保障体制建设都具有很强的借鉴和指导作用。

一、瑞典高等教育评估模式

瑞典高等教育评估模式（Swedish Evaluation Model）的基础在于高校和高等教育署都按照质量保障程序对高等教育进行定期评估，以确保高等教育质量的高位运行。高等教育评估模式是一个广义范畴，涵盖通常所说的质量评估体系（Evaluation System）。瑞典高等教育评估模式包含下面五个步骤：[9]

（一）准备工作及申请

高等院校要设立一个新项目必须先进行大量的准备工作和质量审核，之后才能向高等教育署申请颁发相关学位的权限。

根据瑞典《高等教育法》第一章第十二条，无大学资格的院校需要授权才能颁发第三级学位；所有高校，无论是否有大学资格，都需要获得批准才能获得第一、二级学位授予权，不管是一般性学位还是专业学位。

自 1993 年瑞典高等教育改革实施以来，高等院校可以继续享有之前体制下获得的学位授予权。所有一般性学位和专业学位授予权通过申请可自动延期——如果评估合格的话。2001 年，瑞典高等教育署决定将 60 学分硕士（即一年制硕士）学位授予权给予某些无大学资格的院校。所以沿袭下来，现有的模式是所有无大学资格的院校需要专门申请才能获得120学分硕士学位（即两年制学位）和博士学位的授予权，而所有的院校都需申请才能获得专业学位的授予权，不管有无大学资格。

开发设立一个授予学位的新项目过程十分复杂，需要花费几年的时间。这对所有高校都是一样的，不管其是否已经提交申请。申请学位授予权限的前提是每个高校内部都有严格的质量保障程序。

（二）学位授予权限审批

高等教育署对高校的申请进行审批。同行专家组对相关高校的教师资格、学习结果和专业大纲、质量保障流程等方面进行审核，并出具相关意见，最终由高等教育署署长（University Chancellor）做出决议。

学位授予权审批自1993年高等教育改革推出学位管理条例以来，程序都是一样的，包括三方面的内容：①对教育环境的评估（教师资格、教育体系、基础设施等）；②对专业项目实施的评估（政策卷宗、教学活动、教学用书、考试等）；③对项目结果的评估（确保实现质量目标，拥有质量保障流程等）。对学位授予权的审批意味着高等教育署对高校的各方面条件进行了评估，以确保专业项目高质量运行。这一过程既包括传统的项目认证，也要遵循国际惯例。

高等教育署采用同行评审，对学位授予权进行审批。评审的一个重要方面就是审查高校是否建立并采用了标准的质量评估流程。不管何种项目，学位授予权评审都会对质量保障流程和系统进行评估。

（三）专业设立与学位权许可

经高等教育署许可，高校准予开设相关项目并颁发学位。与此同时，高校继续按照质量保障流程开展相关工作。

实施项目，即学生学业结束，申请符合相关条件可获得相应学位。要获得学位，必须满足《高等教育管理条例》里的质量目标。高校可以采取不同的方式确保达到预定的质量目标，但是所有方式都必须基于合理的质量保障流程。

（四）评估

高等教育署组织同行专家对三级高等教育专业进行评估，评估周期为三年。依照三级评估结果，高等教育署署长确定最终评估结果。

这个阶段就是狭义范畴的质量评估体系。质量保障体系主要涉及对已授学位颁发权的高校进行监控，这一体系的主要目标是该体系必须提供审核学位授予权的基础。这一体系主要回答的问题是高校如何确保学位获得者真正达到预定目标。

（五）跟进

评估一年后，对于评估未合格的高校，高等教育署将组织同行专家基于高校提交的整改措施进行新一轮的评审，确定最终的结果。

从 2013 年开始，瑞典高等教育评估模式加入了第五步，即跟进措施。在完成评估一年后，评估不合格的高校可以通过整改，改进不足之处，并提交整改报告，高等教育署会再次组织专家进行评审。

二、瑞典高等教育评估体系

瑞典高等教育署与高等院校在高等教育质量保障方面具有共同的责任。高等教育署一直致力于不断完善教育评估系统，以确保瑞典高等教育的高质量发展，同时明确高校与高等教育署之间在质量保障方面的具体责任。瑞典高等教育质量保障体系是在《高等教育法》《高等教育管理条例》以及《欧洲高等教育区质量保障标准与基本原则》基础上发展而来的。

在这一模式下，高等院校负责所开设课程和专业的质量与发展。质量保障流程中的大部分工作由高校承担，高校的运行受《高等教育法》的约束，确保教育质量，且充分发挥教师和学生在质量保障方面的积极作用。

保障高等教育质量是瑞典高等教育署的主要职责之一，主要负责瑞典三级高等教育课程和专业的评估与高校学位授予权限申请工作的审批等。其主要目标是：确保瑞典高等教育的高品质；促进高等教育的良性发展；为学生提供有用的资讯，以利于其专业选择。前两个目标贯穿评估系统的始终，“保障质量并促进发展”，强调质量保障的可信度。这三个目标相互关联服务于三个目标群体：政府、高校和学生，在此基础上服务于劳动力市场和其他社会合作伙伴。[10]

瑞典高等教育评估体系包含四个方面的内容：①对高等教育机构质量保障程序的结构性评估；②专业项目评估；③学位授予权限的审批；④主题评估。

评估侧重点是基于高等教育署与高校代表、教师、学生、雇主和劳动力市场代表的反馈意见确定的，归纳起来包括四个方面：①管理和组织状况；②环境、资源和领域；③教育理念、教学/学习成果；④高校跟进计划、行动措施和反馈内容。

评估的视角包括三个方面：①学生和博士生视角，即考查学生对教学工作的实际影响作用，考查学生是否有机会和动力参与高校质量保障过程与课程及专业项目的开发；②工作生活视角，即考查课程和专业项目是否有意义，对学生未来职业生涯是否有帮助作用；

③男女性别平衡视角，男女性是否享有平等待遇，在高校的运作中是否采取措施促进男女平等。[11]

学生和博士生视角是瑞典高等教育署进行高等教育评估的一个重要方面。学生有权利对课程和专业实施影响并参与所在高等院校的质量保障流程完善工作。评估主要考查在实践中学生如何对学校的工作发挥影响力，学生是否有足够的机会和动力参与高校质量保障工作，并促进课程和专业建设。评估标准主要基于瑞典《高等教育法》关于学生影响力方面的规定。瑞典《高等教育法》第一章第四节规定，高等教育机构（包括大学和大学学院）的质量保障是教职员工和学生共同的责任；学生有权利对高校的课程和专业施加影响。高校应采取措施确保学生在课程和专业建设中发挥积极作用。《高等教育法》第二章第七节指出，学生有权利作为代表出席相关课程和专业事项决议的讨论会。[12] 因此，在评估团成员组成中必须有学生代表，而且在访谈中瑞典高等教育署要将学生访谈作为评估材料的重要补充。

工作生活视角的考评侧重于课程和专业对学生未来职业生涯的影响。评估标准以瑞典《高等教育法》《高等教育管理条例》附则以及《欧洲高等教育区质量保障标准与基本原则》等相关规定为依据：高等教育专业应能为学生未来职业发展提供必需的知识，能够使第一级学生具备应对不断变化的工作和生活环境的能力；使第二级学生能够掌握专业知识，并开发学生进行专业研究的潜力和能力；使第三级学生具备能够自主独立开展科研项目的能力等。在评估中，高校要用实例阐述、分析、评价所开设课程和专业对增强学生就业能力和未来生活适应力的积极作用。

有关男女平等问题在瑞典《高等教育法》和《高等教育管理条例》附则中有明确规定：高等教育机构始终将促进男女平等作为其

核心工作之一。以此为依据，高校在评估中要用实例阐明其如何在日常工作中确保男女权益平等，包括享有同样的学术职业资格晋升机会、努力克服相关专业男女比例不平衡等问题。

(一) 对高等教育机构质量保障程序的结构性评估

结构性评估（Institutional Evaluation）的目的是使高校课程和项目在质量监控体系下能够确保质量，而且能够提升高等教育质量。

虽然高校和高等教育署在质量保障方面享有共同的责任，但大部分质量保障工作由高校承担。这需要高校有系统的质量控制流程，高等教育署对其进行评估。高等教育署也负责评估所有课程和专业项目是否按照质量控制流程来实施。对此，高等教育署对所选项目进行评估，同时高校也应采取相应措施以确保其开设的课程和专业是按照质量标准进行的，能够保证质量。

结构性评估包括以下流程：高校自评、学生报告、访谈与实地调研、审计跟踪、提供其他评估材料、评估与报告、决议、跟进。所有的评估材料要进行统一加权处理。具体信息如下：[13]

1. 高校自评

高校自评的目的是使高校有机会展示其质量评估流程能够确保课程和专业质量。高校要从评估角度和要点描述、分析和评价其如何系统实施质量保障，确保课程和专业项目的高质量。在自评报告中，高校必须用具体实例说明其如何按照目标要求组织教学和研究，并指出不足之处以及今后要加强的方面。自评报告也应指出自身的优势所在以及计划采取的进一步优化方案。

2. 学生报告

当地学生会有权提交书面报告，陈述其对高校质量监控工作的意见，这种书面报告称为学生报告。学生报告是高校自评报告的重要补充，可以帮助评估团成员更好地了解高校质量保障流程的实际操作环节和效能。

3. 访谈与实地调研

在实地调研前和调研过程中都会进行访谈。初次访谈的目的是对高校质量监控流程有整体的印象，以更好地规划实地调研，并确定实地调研要详细了解的问题。初次访谈和调研的对象包括高校代表、学生代表、用人单位，以及与高校有合作关系的劳动力市场代表等。

4. 审计跟踪

为了审核质量监控流程的实际运作，评估员会对一个或多个重点方面进行测评。在这个过程中，侧重点包括质量监控流程，评估领域、角度和选取的评估标准，以及实地调研的评估环境等。评估过程由高校层面的整个组织状况到局部情况，即包含一个或多个课程、项目的教育环境或其他环境，比如图书馆等。

5. 提供其他评估材料

在评审之前，高等教育署会为该校提供相关数据，包括之前的评审素材、学位授权审批状况、项目评估和显示学生毕业率及就业率的国家统计数据等。

6. 评估与报告

评估团通过对以上各种材料进行评估，出具评估报告，作为高等教育署对评估做出鉴定的依据。在评估报告中，评估团必须按照整体的评估标准对所有的侧重点和角度做出相应的评价，并应彰显优秀典范，以促进受评高校和其他未接受评估高校教育质量的提升。评估团的观点必须明确，对于评估不合格的高校，评估团给出的意见应是负面的，而对于评估合格的高校，评估团的意见应是正面的。

在高等教育署做出最终决议之前，初评报告会发送给高校进行复审。

7. 决议

评估的最终决议由瑞典高等教育署发布，评估结果分为两种类型，即评估合格或不合格。

8. 跟进

若质量监控流程不符合标准，则高校有一年的时间采取措施解决相应问题。高等教育署会指定评估团对高校采取的措施进行评审。如果再次评估时高校的质量监控流程仍不能满足标准，则意味着要进行新一轮的评估，评估时间由高校和高等教育署商议后确定。新一轮的评估可能会增加评估项目的数量。

高等教育署认为即使通过质量评估的高校也有必要进行跟进。因而会通过对话、会谈、调研等形式对受评高校进行跟进。

（二）专业项目评估

专业项目评估（Programme Evaluations）的目的是监控专业项目的学习效果，促进高校自身质量的提升。专业项目评估强调现实条件和结果，即所设专业是否符合高等教育法和管理条例设定的质量目标，以及欧洲高等教育区质量保障标准与基本原则。此外，专业项目评估还侧重审核高校给学生提供的条件是否达到质量标准，以及高校是否能够确保学生毕业时达到预定的学习效果。[14]

1. 选择标准

所有项目都要接受质量评估。专业项目评估一方面通过高校自身的质量监控确保所设专业的质量，另一方面通过高等教育署选择部分专业对高等教育三级教育进行评估。高等教育署既可以对某个高校的所有项目进行评审，也可以对所有高校的同一专业进行评审。项目的选取基于以下标准：①近三年没有接受过评估的项目；②某些专业学位项目；③高校的质量监控程序在评估中没有通过验收、需要进行再次评估的项目；④对于单个没有达到质量目标的项目，高等教育署可以发起重新评估。

2. 评估材料

评估材料包括附有详细补充信息的高校自评报告、对学生和与项目相关代表的访谈，以及高等教育署提供的其他评估材料。另外，还包括随机选取的学位项目。

高校自评报告：高校要用实例详细阐述、分析和评价所采取的学位项目保障措施，并说明如何使学生在获得学位时能够完成预定目标。在自评报告中，高校应指出自身的优势与不足，以及计划采取的改进措施，以进一步提升办学质量。高校自评的目的是使高校自身有机会对所设专业按照相关标准进行审核，并且使评审团对专业情况以及高校内部的质量保障流程有一个全面的了解。

学位项目（Degree Project）：随机选择学位项目，在第一、二级教育评估中作为项目完成情况的评估依据。评估的学位项目数量没有下限，这意味着没有学位项目的专业也要接受评估。学位项目仅仅是评估材料的一部分，对于没有学位项目的专业，评估团会选用其他材料作为评估依据。

学位论文或有文献记载的艺术类项目不作为第三级专业评估材料，这是因为高等教育署认为现有的论文公开答辩及外审环节已足够保证论文的质量，没有必要进行再次评估。

访谈：将学生和与评审项目相关的代表访谈，作为高校自我评估、学位项目和其他文献材料的补充。在访谈中，高校代表的意见和学生的经验是着重突出的方面。

其他评估材料：在评估前，高等教育署会提供与受评高校以及项目相关的数据，包括有关学生毕业率和就业率的国家统计数据、以往的评估文献、学位授予权评审以及之前所做的项目评估。

3. 评估及报告

基于上述评估材料，评估团会出具评估报告。评估报告会明确陈述评估决议和原因。该报告将作为高校发展可行性的依据，并会发掘受评项目的优势所在，也会指出明显存在的缺陷和不足。在高等教育署做出最终裁定之前，评估报告会返给高校进行核查，并征集相关意见，最终由高等教育署确定评估结果。

4. 评估决议

最终的评估结果分为两种类型：一种是评估合格；另一种是评估不合格。若项目评估不合格，则高等教育署对高校学位授予权限提出质疑，并会影响相应学位资格和所开设的专业领域。

5. 跟进

对于评估不合格的项目，高校会有一年的时间采取相应措施改进，并向高等教育署提交整改报告。根据整改报告，高等教育署会派出评估小组对项目进行再评估，以考核其是否达到预定目标，并出具新的评估报告。高等教育署基于新的评估报告，确定相关专业是否能够保证质量；若不能，则会撤销高校相关专业的学位授予权限。

（三）学位授予权限的审批

1. 评估原则

高等教育署负责高校学位授予权限的审批。该项评估主要考核高校是否满足相关条件，使学生能够达到学位项目应符合的质量标准。同样，在评审中，工作生活视角、学生和博士生视角以及男女性别平衡视角也是着重考查的方面，高校要阐述其如何能够系统满足评估的相关要求。[15]

2. 评估材料

对高校学位授予权限的审批主要基于高校的申请材料以及与项目相关代表的访谈。所有评估材料都会进行统一加权。

高校申请材料：高校须将所有申请材料提交给高等教育署。将独立课程提供者、瑞典农业科学大学（Swedish University of Agricultural Sciences）和瑞典国防大学（Swedish Defence University）的申请材料提交给瑞典政府，之后政府会将材料转给高等教育署进行审核并提出报告意见。

访谈：访谈是书面申请材料的重要补充。通常会访谈已经开设的与所申请项目比较接近的学位项目或所在专业领域相关的学生。

3. 评审、报告及决议

依据高校的申请材料、访谈和其他补充材料，评估团对高校是否符合相关项目学位授予标准撰写评估报告。在持否定意见的报告中，评估团必须明确阐明不能准许高校颁发学位的原因。在报告中，评估团要明确声明是否准予高校申请的立场，即建议通过或不通过。高等教育署基于评估报告及其建议，经过慎重考虑后做出最终决议。同样，在高等教育署做出决议之前，评估报告会被返给高校以便其做出反馈。

在评估中，所有的考查重点和视角都要经过评估团成员的审查，以确认其是否满足学位颁发的要求。对于存在的微小且通过修正能够改进的问题，高等教育署会酌情延长评估期限，高校可在六个月以内提交相关补充材料。

在瑞典，大多数公立高等院校的学位颁授权由高等教育署审批确定，而有关瑞典农业科学大学和瑞典国防大学的学位权限、相关评估和建议要提交至瑞典政府，最终决议由政府确定。

4. 跟进

瑞典高等教育署会对所做的评估和决议进行跟进。目前，仍在对跟进流程进行完善。

（四）主题评估

主题评估（Thematic Evaluations）的目的是通过全国范围内的评估比较，使大众更好地了解瑞典高等教育机构的运作方式以及高校如何在受评的主题范围内达到限定的目标质量。

主题的选择：主题评估基于《高等教育法》和《高等教育管理条例》有关质量标准的相关要求。评估的主题主要包括“广泛参与度”“国际化发展水平”“男女平等”等。此外，高等教育署还会对课程及专业的实用性和对就业能力的促进作用、高校的扩展和可持续发展能力等进行评估。高等教育署发布的信息、开展的不同质量保障活动、分析数据和政府委派的各项任务等都会作为主题评估的素材。

方法：不同的主题评估所用方法不同，不过在评估前，高等教育署会事先将所用方法告知相关高校，以便其做好相应准备。[16]

（五）评估流程综述

综上所述，瑞典高等教育评估体系包含八个步骤：高校自评、访谈、实地调研、评估团出具初评报告、高校对初评报告反馈、评估团出具最终评估报告、瑞典高等教育署/政府做出评估决议、后期跟进。评估所依据的法律是瑞典《高等教育法》和《高等教育管理条例》以及《欧洲高等教育区质量保障标准与基本原则》（ESG）。评估的角度包括：学生和博士生视角、工作生活视角、男女性别平衡视角。评估类型分为四种：结构性评估、专业项目评估、学位授予权限的审批、主题评估。评估的侧重点包括：管理与组织状况；环境、资源与领域；教学理念、教学/学习目标达成情况。评估的结果分为两种：合格和不合格。评估的主体责任者是高等教育机构和瑞典高等教育署。评估的服务群体包括：政府、高等教育机构本身、学生、劳动力市场和其他社会利益相关者。整个评估流程可以用图 3－1 表示。

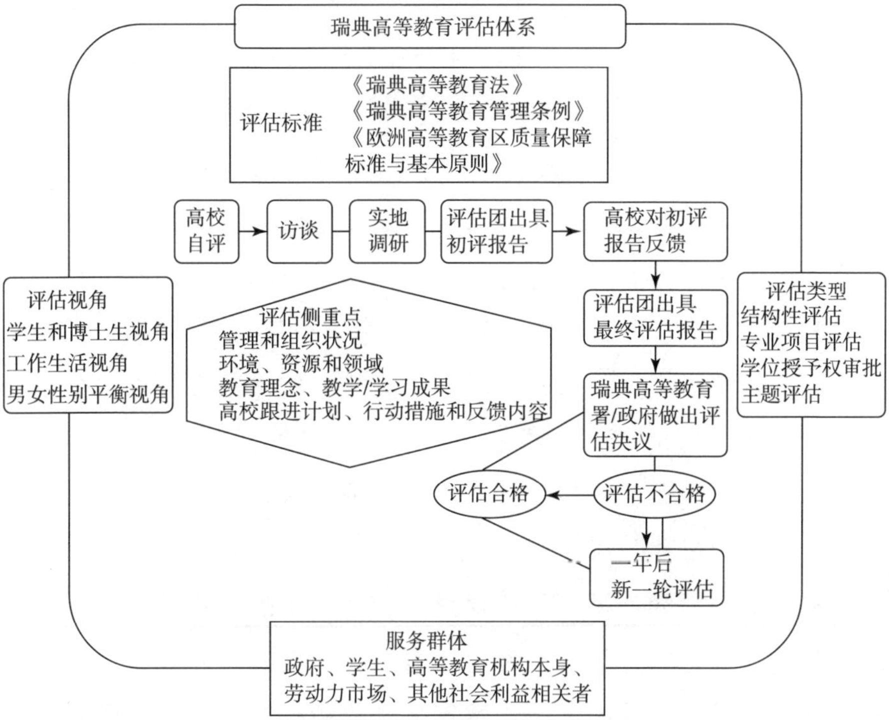

图 3－1　瑞典高等教育质量评估流程

（资料来源：作者根据瑞典高等教育署发布的高等教育质量评估流程说明整理而成）

在所有形式的评估中，高等教育署都聘用外部评审员。他们中的大多数为相关专业的专家，也就是说所用的方法为同行评审。除了专家外，还包括学生和劳动力市场代表。总的来说，评审团成员具备足够的专业水平对被评估项目的各项目标做出评审。同时，评审团组成要注重男女性别平衡及国籍问题。一个主要限制要求是评审员能够读懂用瑞典语撰写的独立研究报告，即学位项目报告，或其他材料。高等教育署可以提名相关领域的专家。劳动力市场的代表也可以通过相同的方式进行提名。学生会会被告知正在接受评估的项目，感兴趣的学生可自愿作为评审员参加。最终评审团成员人选由高等教育署确定。

高等教育署的评估基于质量保障的操作层面，即目标的实现程度。这意味着高等教育署会通过对比预期学习效果来对学生实际的学习成效进行评估。因此，质量指标按照三类标准进行划分，适用于所有学位项目：①知识和理解力；②能力与技能；③判断力与方法论。

每个评估项目都要选择目标。选择时会将《高等教育法》的有关要求考虑进来，同时要考虑所选目标能否反映项目的整体性、独特性和学生的就业能力。选择目标时先是评估团成员对其进行讨论，之后向高校征集意见。与此同时，专家组成员讨论目标再次分解的标准，这些信息也将分享给相关高校征求意见。完成以上步骤后，高等教育署确定评估所依据的目标和标准。这些最终的信息会发布在网上，这一过程同行评审专家都要深度参与。

在评审中需要各种不同的材料，包括学生的独立项目、高校的自我评估、学生的经验等。最初还包括给校友的问卷调查，但是现在已经取消了，这是因为经过数年很难找到校友的地址，而且反馈率很低。评估成员必须对以上三种材料进行分析判断，看相关项目是否达到了预定的质量标准。

学生的独立项目，即学位项目，是评估的一个重要因素。随机选择的学位项目最多为 24 个（评审并通过），最少为 5 个。如果在三年之内完成的项目少于 5 个，则不采用这种方法。所选的项目都是匿名的，不知道作者信息，也不知道高校的名称和所得的分数。这一评估不包括对原来所给分数的审核。

高校自评主要是满足两个目的。第一个，也是最重要的，是提供比研究项目更全面的信息。因为独立研究项目不能涵盖专业学位项目所应达到的所有目标，所以在自评报告中，高校需要解释、分析、评价基于预定目标所应达到的成果。在自评中，高校可以提供学位项目开展的环境和过程，以便对所达到的成果做出更合理的解释。第二个目的是解释造成受评项目显著特点的特定环境。环境包括与项目相关的教学资源。如果高校认为这是影响学习成果的重要因素，那么高校也可以对与学生相关的环境做出解释。

学生对所学专业项目的经验是对独立项目和高校自评的重要补充。因此，在评估中会收集学生对所评专业项目预定学习目标的想法。对学生经验的收集主要以结构性访谈的方式进行，通常在实施项目的末期进行。

评估团成员也会进行现场考察。如今，主要通过网络对高校相关项目的代表人进行访谈。

具有相关专业背景的评估团成员对独立研究项目进行审阅，并对其是否能够为评估的预定学习目标提供有效证据做出评估。对遴选的 24 个独立研究项目进行考查，看其是否符合预设的 4 ~ 12 个预定目标。对于每个目标，要看独立项目是否达到“非常高”“较高”或“较低”的与之相关的预定目标。目标实现程度也通过高校自我评估、学生访谈，有时也会采用通过问卷调查等方式获得的信息进行评鉴。独立研究项目没有达到预定目标成果不会影响整体评估结果。不过，如果同一目标在几个独立研究项目的考评中都显示没有达到的话，则受评专业项目的整体考评结果可能为“不合格”。因此，某个单项目标的实现程度对整体评估结果具有决定性影响。如果所有目标的完成情况都比较理想，则评估结果可能为“高质量”；如果至少一半目标完成情况较好，则评估结果可能为“较高质量”。

每个项目的评估等级为“高质量”“较高质量”“质量不高”。评估结果要对学生实现预定学习成果的情况进行陈述，也要对每项评估内容进行简要说明，同时对最终的评估结果给予建议。最终结果由高等教育署署长确认。

若某个项目的评估结果为“质量不高”，则相关高校对该项目的学位授予权是有条件的。高等教育署给高校一年的时间进行整改，之后会采取新一轮评估，以决定是否继续保留其相关项目的学位授予权。如果经过整改仍不足以达到预定的目标，则高校相应项目学位授予权会被取消。[17]

在整个评估过程中，瑞典高等教育署和高等教育机构都担负着重要责任。评估活动虽由高等教育署组织，但大量工作仍需要高等教育机构来承担，这是因为整个评估首先基于高校的自我评估，即内部评审。高等教育署成立的评估团则负责实施外部评审。评估参与者范围较广，既包括评估团专家成员，也包括高校的管理者、教师、学生、用人单位和其他社会利益相关群体。高校不是评估的被动接受者，而是评估的积极参与者，评估的依据来自高校自评，同时评估团出具的初评报告必须征求高校的意见。即使最终的评估结果为不合格，高校也有机会进行整顿改善，而不是一锤定音。这一做法比较客观公正，避免了因评估信息缺乏客观性或评估环境的变化而给高校带来的不公正待遇，真正实现了评估是为提高高等教育质量这一根本宗旨服务。

三、瑞典高等教育评估历程

在瑞典高等教育署的主持下，瑞典高等教育机构已开展三轮全国范围的高等教育质量评估。评估周期为四至六年。

第一轮评估（1995—2001 年），主要侧重于对高等院校内部质量保障体系的设计，包括自身战略目标、实现途径、方法等具体质量保障程序的评鉴。其目的在于考查高等教育机构本身质量评估体系的有效性，以确保高等教育的高水平发展。这一轮评估就是结构性评估。

第二轮评估（2001—2007 年），注重对高等教育机构学科专业的评估。此次评估覆盖所有类型学位，期间共对 76 个学科专业领域进行了 1 700 多次评估，主要测评高等院校对如性别平等、国际化水平等具体教育专题的质量保障能力。此次评估主要考查高等教育机构所设专业项目如何按照预定质量标准实施，以及如何使学生在获得学位时已达到预定的质量目标。这一轮评估就是专业项目评估。[18]

第三轮评估（2011—2014 年），依据博洛尼亚原则上建立的新学历资格条件，评估内容包括高等教育机构学位授予权限审核、高校内部质量保障体系审计、取得学位资格所必需的学术表现评价等方面，没有满足相应评估标准的高校将被吊销颁发相应学位的资格。质量评估不仅涉及对课程和专业的评估，也涉及对科研质量的评估。评估的对象主要为高等教育的第一级和第二级，即本科和硕士教育阶段。两年制的一般性学位资格和两年制的美术、应用与表演艺术学位资格，以及第三级教育不在此评估范围内。[19]从内容和形式看，这一轮评估更倾向于对学位授予资格的评估。

瑞典高等教育评估体系不是一成不变的，而是不断演变发展的。根据瑞典高等教育署出具的报告，每一次评估都会对质量评估体系做出修订和调整。从评估要素来看，主要有以下四个方面的变化：[20]

（一）质量目标的变化

根据 2009 年有关高等教育质量评估流程的《瑞典政府工作报

告》（2009—2010：139），高等教育质量评估要对照《高等教育法》中的预定质量目标对高校学生的实际学习成果进行审核。因此，在评估中，除了《高等教育法》中的质量目标外，负责主持评估的瑞典高等教育署也制定了一套单独的质量指标体系。在与高等教育机构进行沟通之后，高等教育署决定放弃自身的质量指标体系，只采用《高等教育法》里有关的质量指标。这一转变使得瑞典高等教育评估体系的质量指标变得比较稳定，易于比较，而且可读性较强。

（二）实地调研

实地调研是收集评估信息的重要手段。评估的最初时期，实地调研是一个必要过程。评估团成员会亲自前往参与评估的高校进行调研，与高校的管理者、教师和学生代表就高等教育署设计的问题进行面对面访谈。然而，随着网络技术的发展，基于网络的访谈受到高校和评估机构的青睐。由于虚拟网络调研与实地调研相比更经济便捷，因此虚拟网络调研最终完全取代了原来的实地调研。不过，运用虚拟网络调研的前提是复杂问题在网络访谈中能够得到圆满解决。

（三）调查问卷

除了高校自评、访谈等手段外，对现有学生和校友发放调查问卷也是之前的评估方法之一。然而由于校友的反馈率极低，而且随着时间的变迁很难找到已毕业学生的通信地址，调查问卷受众也非常有限，因此，高等教育署在与学生协会组织，主要是瑞典国家学生会（Swedish National Union of Students）商讨后，决定取消调查问卷这一评估方法。所以，现有的评估体系中已没有调查问卷这一项内容。

（四）学位项目样本数量

评估团成员会随机选取学位项目作为评估材料，不过最开始的时候对于多少学位项目样本数量才能满足需要并没有形成一致意见。对此，评估专家提出质疑，认为可用的学位项目数量很少，在实际评估中只能选取其他材料作为补充。在 2011 年的评估中，瑞典高等教育署决定只选取最近三年的五个独立项目作为评估对象，如此一来，就确定了以后评估选用学位项目的数量。

四、瑞典高等教育质量保障体系特点

（一）瑞典高等教育质量评估体系结构全面，内涵丰富

瑞典高等教育质量保障体系是一个复杂的体系，在框架上借鉴了《欧洲高等教育区质量保障标准与基本原则》，既包括高等教育机构内部的质量评审，又包括高等教育署主导的外部质量评估。评估内容以考查管理与组织状况、环境与资源、教学与学习效果为重点，形式上又分为结构性评估、专业项目评估、学位授予权限的审批以及主题评估四种类型，评估的角度兼具学生和博士生、工作生活和男女性别平等三个方面。因此，不管从结构上还是从内涵上，都决定了瑞典高等教育质量保障体系的广袤性和深厚性。

（二）瑞典高等教育质量保障体系有法可依，评估指标稳定，易于辨识

与其他大多数国家的质量保障体系不同，瑞典高等教育质量保障体系是由政府指定的官方机构——瑞典高等教育署实施，而且从法律层面对评估标准和依据都做了明确规定。在瑞典《高等教育法》《高等教育管理条例》和《学位资格授予管理条例》中，都有对高等教育质量评估的要求和质量标准说明。这有利于评估指标的稳定，评估结果不会因评估人员的不同而出现巨大差异。另外，立法保障

的质量评估使得评估更具权威性，真正做到通过评估来进一步促使高等教育机构努力提升教育质量。

（三）提高教育质量是瑞典高等教育质量保障体系的核心

瑞典高等教育质量评估并不是一个形式上的流程，而是通过质量评估来促进高等教育质量的提升。这从评估中所采用的方法可以明显看出。外部评估团专家基于高校自身的评估报告，结合访谈和调研，出具初评报告，该报告必须征得高校的意见后才能定稿，即使评估的最终结果未能达到相应的标准，高等教育署也会给受评高校一年的时间进行改进以督促其改善质量。而且，无论是在自评报告中还是在访谈中，高校都要用实例说明其自身是如何确保达到质量标准的。这一过程充分凸显出评估的作用——监督、促使高校按照质量标准改进质量，最终提升教育质量。

（四）瑞典高等教育质量保障体系强调质量目标的核心作用，注重结果导向

随着高等教育国际化的深入发展，教育理念发生转变，高等教育质量评估也更倾向于对结果和学习效果的评估，这是瑞典应对博洛尼亚进程所做的转变。瑞典对以结果为导向的质量评估具有独特的优势条件，这是因为在《高等教育法》和《高等教育管理条例》里明确规定了瑞典高等教育的国家目标。实际评估过程中采用的学生和博士生视角、工作生活视角、教学/学习成果视角都是从质量目标的达成情况来考核高校以及所设专业和课程是否使学生在知识和理解力、能力和技能、判断力和方法论方面满足瑞典国家的质量目标，且学生掌握的知识和技能是否能够满足劳动力市场的需求，等等。注重结果导向在结构性评估、专业项目评估、学位授予权限的审批和主题评估这四种评估类型中都是强调的重点。

（五）瑞典高等教育质量保障的主体是高校，中心是学生

瑞典《高等教育法》和《高等教育管理条例》中都有专门条款强调，质量保障是高等教育机构的主要责任之一。因此，质量保障是每个高校的基本义务，这是瑞典高等教育质量保障体系的基础。这一理念促进瑞典各高校内部质量保障流程的完善。在评估中，瑞典高校承担了大部分工作，从内部评审、自评报告提交，到动员管理人员、教师和学生代表与评估团专家访谈等一系列活动，高校都发挥着主要作用。

另外，无论从高等教育质量保障的参与者，还是从评估的内容来看，瑞典高等教育质量保障的中心都是学生。瑞典《高等教育法》明确强调学生在学校课程和专业建设中有权施加影响，要求不管是在评估中还是在决定与学生切身利益相关的学校董事会中，都要有一定数量的学生代表参加。评估时要注重学生的经验，并从学生的视角来考查高校是否按照预定的国家质量目标完成各项教学任务；是否创造充足的条件和机会使学生学有所成，能够满足预定的目标，毕业时符合就业市场对学生知识和技能的要求。

（六）瑞典高等教育质量评估中注重多方参与

在质量评估中，虽然瑞典高等教育署和高等教育机构是评估的主要组织者和参与者，但是评估过程不仅限于这两个主体。首先，从评估团成员组成来看，高等教育署不仅邀请瑞典本国的相关专业领域专家学者，还邀请懂英语和瑞典语的国外资深专家加入评估团，对高校进行外部评审；其次，从受访人员构成来看，评估团的受访对象不仅包括受评高校的管理人员、教师和学生代表，还包括学生组织、劳动力市场代表以及与受评高校有合作关系的社会团体等外部组织；再次，从评估的服务对象来看，评估结果不仅服务于学生

和高校，也服务于政府、用人单位和其他社会利益相关群体。因此，瑞典高等教育质量评估体系是一个多方参与的过程，不是政府主导、高校被动接受的单线评估流程，而是一个多方互动，会对评估结果产生影响的多方利益集合的环形流程。这种多方参与的评估机制有利于保障质量评估结果的客观性和透明性。

（七）瑞典高等教育署作为质量评估机构具有独立的法律地位

根据《欧洲高等教育区质量保障标准与基本原则》，进行高等教育质量外部评审的机构必须得到欧洲高等教育领域内各教学机构的正式认可，有能力和责任从事外部质量保障活动，而且拥有其存在的法律基础。同时，质量保障机构应该是完全独立的，既能够保障质量评估活动自主进行，又能确保其质量评估报告的结论和建议免受高校、政府部门和其他利益相关者的干扰。这两点是保证高等教育质量评估的结果具有权威性、客观性的基本条件。虽然瑞典高等教育署是由议会直接拨款的国家行政机构，隶属于教育科研部，但拥有独立自主的官方地位，这也为其评估活动的有效进行和对高校内部质量保障活动的监管提供了保障。

（八）瑞典高等教育质量保障体系与国际接轨，且与时俱进

瑞典高等教育质量保障体系的另一个显著特征是强调与国际接轨。与国际接轨主要是指瑞典高等教育质量保障体系遵循《欧洲高等教育区质量保障标准与基本原则》，该质量标准是博洛尼亚进程欧洲高等教育区建设的核心目标之一。作为欧洲高等教育区成员国之一，瑞典高等教育署代表瑞典自 2000 年欧洲高等教育质量保障协会成立之初就成了该协会的会员，并在瑞典国家质量保障体系中融入该协会的质量标准。除了欧洲高等教育质量保障协会外，瑞典高等教育署还是国际高等教育质量保障协会、北欧高等教育质量协会，

以及欧洲高等教育认证联盟的会员。[21]

另外，瑞典高等教育质量保障体系不是一成不变的，从 1995 年至今，在进行了三次全国性评估后，瑞典高等教育署对质量评估的内容和方法不断进行修订和完善。正是基于这种开放性的发展理念，瑞典高等教育质量保障体系一直处于世界前列，其采用的评估方法和指标体系成为世界各国质量评估竞相效仿的对象。瑞典高等教育质量保障体系不仅提升了瑞典的高等教育质量，也对提升世界高等教育质量水平起到了积极的作用。

第四章　瑞典的博士教育体系

博士教育是欧洲高等教育区三级学位结构中的第三级。与此相一致，瑞典的博士教育也是瑞典高等教育体系中的第三级。在博洛尼亚进程推动下以及根据自身发展需要，瑞典博士教育在培养目标、管理机制、质量控制等方面都呈现出别具一格的特色。

第一节　博洛尼亚进程中的博士教育

虽然现代博士教育源于欧洲，但各国政府在博士教育中的干预作用不同以及各国自身文化背景不同导致欧洲各国博士教育在结构上存在较大差异。在洪堡原则指导下，德国博士教育在古典大学观下逐渐发展为师傅带徒弟式的个人负责导师制，称为“师徒制”博士教育模式；而英国博士教育长期以来沿袭了规模较小、恪守历史传统、教育机构高度自治的“作坊式”教育模式；位于意大利佛罗伦萨的欧洲大学学院则作为一种单一的研究型机构，承担着欧洲地区实验室的角色和作用。近年来，出现了一些新型的研究生院。不同模式的博士教育曾为相关欧洲国家培养了一批高质量的研究人才。

然而，面对全球化和新兴技术变革带来的挑战，欧洲各国充分意识到提升高等教育水平和科研能力的重要性，博洛尼亚进程中逐步纳入了博士教育改革的内容，确立了博士教育改革的基本原则，欧洲高等教育区学位资格框架体系和欧洲终身学习资格框架中也包含了博士教育内容。

一、博士教育进入博洛尼亚进程

在2003年柏林欧洲部长会议上，博士教育首次进入博洛尼亚进程。为了进一步加强欧洲高等教育区和欧洲研究区之间的联系，提高欧洲的整体科研水平和增强欧洲竞争力，部长会议认为，有必要将高等教育第三阶段的博士教育作为博洛尼亚进程的改革目标。因此《柏林公报》引入了这一新的行动路线，认为科研是欧洲高等教育区不可或缺的组成部分，必须加强欧洲高等教育区与欧洲研究区的联系，改善之前只关注高等教育两级学位的情况，将以科学研究为主要任务的博士教育纳入博洛尼亚进程的第三级，加强对科学研究和研究能力训练的关注与投入，促进学科交叉，确保并提升欧洲高等教育质量，提升欧洲高等教育在世界范围内的竞争力。为此，欧洲各国应加强博士和博士后层面的人员流动，鼓励和大力支持博士教育和年轻研究学者的交流合作。[1]

2005年，卑尔根部长会议重申了将博士教育纳入博洛尼亚进程的重要性。参会的欧洲各国教育部长呼吁提高欧洲研究水平的重要性，认为，欧洲高等教育结构改革和教育质量的提高，离不开欧洲研究和创新能力的提高。会议指出，博士教育应注重多学科交叉培养，促进高校和研究者可持续发展，在注重博士生研究能力提升的同时，应加强与企业界的紧密合作，增强博士生的就业能力，以便满足更广泛的用人市场需求，并注重博士培养环节的透明性和可评估性，促进博士教育质量的全面提升，从而提升欧洲高等教育区的研究和创新能力，增强国际竞争力和吸引力。卑尔根部长会议还要求博洛尼亚后续工作组制定关于博士教育原则的发展报告，提交2007 年伦敦部长会议进行讨论。[2]

2007 年，伦敦部长会议再次强调，欧洲高等教育区和欧洲研究区的融合发展十分重要，指出博士教育发展对构建欧洲高等教育区学位资格框架具有重要作用。部长会议呼吁欧洲各国加强博士教育建设，将博士教育纳入高等教育发展战略和政策，提升博士生和年轻学者的社会地位，提供充足的资金，为其成长和发展提供更多的途径和机会，同时鼓励欧洲各国分享经验，使各国博士培养督导和评价机制具有透明性与互通性，在科研培训中注重学生的知识转化能力，提高博士生的就业能力等。[3]

二、博士教育改革的基本原则

柏林部长会议结束后，在博洛尼亚进程后续工作组的推动下，一系列博洛尼亚进程研讨会聚焦博士教育。欧洲大学协会分别于2004 年在马斯特里赫特和 2005 年在萨尔茨堡组织专题会议，发起一个聚集 22 个国家的 42 所大学代表的跨国项目，共同交流探讨欧洲博士教育未来发展的问题和挑战，并提出相应对策。

2005 年 2 月，欧洲大学协会在奥地利萨尔茨堡举行了主题为“面向欧洲知识社会的博士教育”的博洛尼亚峰会。这次峰会的主要目标是讨论作为博洛尼亚进程第三阶段的博士教育发展状况及其面临的主要挑战，并为 2005—2007 年的改革提出建议。此次峰会就欧洲高等教育区博士教育改革的基本原则达成了共识。主要改革原则

包括以下方面：[4]

（1）由于博士教育的根本在于通过原创性研究促进人类知识进步，为新知识的形成贡献力量，因而，博士教育应在促进研究水平提高的基础上，不断拓宽其学术领域外的价值，更好地满足高级人才市场的需要。

（2）作为博士教育的主要机构，高等院校应促进博士教育质量的提升，确保博士教育和为博士生提供的研究训练能够应对新的挑战，并努力为博士生和年轻研究人员提供合适的职业生涯发展途径和机会。

（3）博士教育改革不是使欧洲各国博士教育整齐划一，而是在充分尊重欧洲各国博士培养模式多样性的基础上，提升欧洲博士教育质量的整体水平，从而促进欧洲区域研究水平的提高。

（4）鉴于对知识创新的重要贡献，博士生与高等教育中前两级的学生身份不同，应被视作专业研究人员，在给予其充足研究经费支持的基础上，应保证其享有同等的社会福利待遇。

（5）博士教育中的监督和评价机制至关重要。在这个机制中，要明确博士候选人、导师、高校及其他参与博士生培养的各方的责任和义务。针对博士候选人的学习及研究过程与质量的监督及评价应遵循公开、公正、透明原则，并有相应的制度保障。

（6）博士阶段应培养具有创新与批判精神的研究群体。为了达到这一目标，欧洲各国应积极探索，充分借鉴欧洲各高校各异的培养方式及创新实践，采取适合各国国情的博士培养方式，包括建立博士生研究院以及通过国家、国际和区域范围内的大学联合培养等，构建有效的博士教育模式和管理体制。

（7）虽然博士教育是高等教育的最高层次，但不应没有期限，而是应有一个恰当的学习年限（以3~4年为宜），确保高级研究人才培养的时效性和研究资金的利用率。

(8) 博士学位结构的改革应致力于着重培养学生跨学科交叉融合能力和知识转换技能。

(9) 加强博士教育层面的人员流动，指的不仅是地理位置层面的流动，更重要的是在一体化的框架下促进研究项目跨学科流动以及学科领域内的大学和其他合作伙伴间的人员流动与国际合作。

(10) 加大资金投入力度，使博士教育有充足和持续的财政支持，这是提高博士教育质量并确保博士生顺利完成学业的基本保障。

依据以上改革目标，在欧洲高等教育区学位资格框架体系下将博士教育阶段学生应达到的能力目标做了具体限定："对所研究的领域系统的理解能力，以及对与之相关的研究方法的把握和研究能力；对真实研究程序的构思、设计和实施能力；以原创性研究为扩展知识做出贡献的能力，核心观点能够在国家和国际上公开出版；对新知识和复杂的观点进行批判性分析、评价和综合的能力；与学术群体和社会群体就其专业领域进行交流的能力；在学术和职业环境中推动知识社会的技术、社会和文化进步的能力。"[5] 此外，欧洲终身学习资格框架也包含了博士教育阶段。

第二节　瑞典的博士教育概况

围绕博洛尼亚进程中第三级教育改革目标，瑞典高等教育机构在政府宏观政策引导下结合自身的发展特点，形成了独具特色的博士教育体系。以下将围绕博士培养目标、管理体制等方面对瑞典博士教育进行分析。

一、瑞典博士培养目标

不同于其他国家，瑞典的第三级教育中有两个层次，博士学位是第三级教育中的最高层次。除了博士学位外，瑞典第三级教育中还有硕士上学位，是硕士学位与博士学位之间的过渡学位。博士学位和硕士上学位虽然都属于第三级学位，但具体要求不一样。硕士上学位要求学生修得120个学分，学制为2年；而博士学位要求学生获得至少240个学分，学制为4年。单从学分数和学制时间长短来看，博士学位的要求显然高于硕士上学位。但是从学位类别来看，不管是博士学位还是硕士上学位，在瑞典这两个第三级学位都分为两类：一类是一般性学位资格；另一类是美术、应用与表演艺术学位。本章节主要侧重于分析博士学位的特征。

根据瑞典《高等教育法》，博士学生在知识和理解力水平、能力和技能、判断力与方法论等三个方面应达到如下具体要求：[6]

（1）在知识和理解力水平方面，经过4年的专业学习和培训，博士学生应掌握相关领域的宽泛知识和对前沿知识的较高理解力；熟知科学研究特别是本领域的科研方法。

（2）在能力和技能方面，博士学生应具备对新事物和复杂现象进行独立专业分析和综合评述的能力，以及思辨评价的能力；具备以专业精准角度独立创新地识别、构建问题的能力；具备在预定时间内策划并使用恰当方法实施研究和其他复杂任务，并对类似任务进行评审和评估的能力；能够通过自我研究，以论文形式对人类知识的创新和形成做出重要贡献；具备在国内和国际学术界及一般民众间以口头、书面、对话形式权威呈现和讨论科学研究和研究发现的能力；具备探查所需新知识的能力；具备为社会发展贡献力量的能力，以及通过研究、教育或其他专业方式为他人学习提供支持的能力。

（3）在判断力与方法论方面，要求学术独立、学风清廉端正，并能对科研规范做出准确判断；对科研可能性和局限性有专业洞察力，并科学预见科研发挥的社会作用和对个人使用科研成果应承担的责任做出专业判断。

这些具体指标从认知水平、能力水平、道德水平角度对博士教育的培养目标进行了全面详细的界定。可以看出，瑞典的博士教育不仅强调学生的学术科研能力，还强调其对知识创新、社会发展、社会责任的贡献和担当能力。在这样的高目标指引下，博士教育质量从根本上得到了保障，也凸显了博士教育在瑞典高等教育中的重要地位。

二、瑞典博士教育管理体制

（一）管理结构

不同于中国和其他欧洲国家，瑞典高校中并没有给博士生专设的学院，而是分散在不同的二级学院中，由二级学院统筹博士生事务。二级学院的院系主任或代理主任分别是各自学院的博士生事务负责人，他们直接对主管博士生事务的副校长负责。瑞典博士生事务的这种管理架构是扁平式的，信息流通更快捷，决策也更快，同时利于学院充分发挥主动性。

博士项目按照专业领域组织。博士学位的学科领域由主管博士生事务的副校长确定。每个博士项目都有相应的教学大纲。在教学大纲里，相关博士项目所需的专业知识和主要项目内容及考试要求都有详细描述。教学大纲由系主任或代理主任撰写，并由主管副校长批准。教学大纲有瑞典语和英文两个版本，并有编号，在相关专业学院存档。

在瑞典，高等院校负责博士教育管理事务的主要人员包括[7]：博士事务主管副校长、系主任或代理主任（Head of Department/Deputy Head of Department）、导师（Supervisor）、督导（Examiner）、教学主任（Director of Studies）。博士事务主管副校长是高校博士教育的最高决策者；系主任或代理主任具体负责博士教育的行政事项；导师包括第一导师（Principal Supervisor）和助理导师（Assistant Supervisor），是教导博士生的第一负责人；督导和教学主任则负责跟进博士生的学习进度，并适时提出改进计划。

具体来说，系主任或代理主任指定每个专业的第一导师。在录取学生后，系主任或代理主任按照相关规定指定专业第一导师，同时指定一至多名助理导师。第一导师应具有副教授职称，且工作关系需在博士生就读高校；第一导师应负责各项研究任务的准备工作；第一导师应与博士生一起制订个人学习计划；第一导师应确保学生在学习中从导师处能够获得有效的辅导，按照学习计划完成学业，辅导的程度与年度学习计划跟进相关。对于联合培养的博士学生，第一导师可在学生原就读院校选定，但必须得到接收高校的确认，并由接收高校再配一名助理导师。按照相关规定，在职博士应在原单位有助理导师。

每个专业领域，系主任或代理主任会任命 1 名或多名督导。督导的任期为 5 年。通常本校的教授或副教授担任督导一职。督导负责监管某个专业领域的博士项目，确保其满足相关科研和学术要求。对于学生是否已达到 50% 的博士项目要求且能否被授予硕士上学位，由督导负责鉴定。督导应对学生的学习计划进行审批，并参与学习效果的跟进。督导应提前审查硕士上学位或博士学位论文。经与导师商议，督导对博士论文及其答辩时间进行审批。

每个设有博士项目的学院都设有一个教学主任。教学主任应有博士学位，且积极参与科研。教学主任负责对学生的学习情况进行至少一年一次的跟进。教学主任牵头主导开发课程、举办研讨会，确保各项评估材料齐全，负责协调各学院之间的课程和研讨会调配，负责准备学院的整体教学大纲，并对学生个人学习计划进行编码和归档。

（二）入学条件

在中国，博士生入学条件多数是对申请者本人条件及资格的限定，包括年龄、学历和专业背景、身体条件、思想政治素养等。然而，在瑞典，除了对申请者本人的一些要求外，还有对高校的要求。对申请者本人的要求包括：至少获得 240 个高等教育学分；现有学位与申请的博士学位专业密切相关，一般的要求是申请者在其他国家或瑞典已获得第一学位，若所修课程不能满足要求，则需要事先选修相关课程，并通过考核，方可被录取；母语不是英语或日耳曼语系的申请者还需满足相应的英语语言条件等。此外，经第一导师首肯，瑞典高校还会对申请人是否具有相关专业知识水平以及完成博士学业的必要能力进行审查。

对于高校，一个项目能否招收博士生，取决于是否有足够的资金、合适的科研环境、充足的师资以及合理的课程配置。只有完全满足上述条件，且能保证学生四年的学习，才能开设该博士项目。

在遴选中，瑞典高校着重考查学生的博士研究潜力，即申请者是否能够通过博士项目得到能力的提升，在选拔中注重公平原则。最终的录取结果，通常由系主任或代理主任确定。在特殊情况下，申请者可被录取为硕士上学生。此决议必须在录取通知中明确标明。录取在职博士需得到申请人所在单位的书面同意函。有奖学金的博士资格申请人只能被录取到规定的博士项目之内。不是所有的博士项目都对有奖学金的申请人开放。[8]

（三）博士生待遇

在瑞典，博士生免学费。在中国，只有在国家公费名额范围内的博士生才免学费，对于委培生等非计划内的博士生都要交纳学费。在中国高校，博士生同硕士生和本科生的地位一样，都是学生身份，每月可以领到国家的固定补助。对于经费比较充足的导师，还会给博士生额外的科研津贴。

在瑞典，由于博士生被视为从事科研工作的正式雇员，因而享受就业人员所有的福利待遇。对博士生所在学院而言，除了要付给博士生工资外，还得上缴雇主税（包括雇员的福利、保险、养老金等）。在瑞典名校皇家理工学院（KTH Royal Institute of Technology），博士生的工资达到每月25 000瑞典克朗（相当于人民币24 000元）左右，而雇主税金额占工资的54%。博士生的工资一小部分来自国家，大部分由导师的科研经费承担。这种高福利待遇使得博士生能够潜心治学。

这种雇员的身份使瑞典的博士招生与中国有所不同。中国每年都在统一的时间进行博士生考试，统一录取。而瑞典的博士招生像岗位招聘一样，有空缺才会对外开放，因而博士招生也不限于某一个固定的时间，而是不定期招收。瑞典皇家理工学院每年2月份、4月份、6月份、9月份和12月份都会发布新的博士岗位。

瑞典高校提供相关职位以资助博士生学习。只有被录取为本校的博士生才能应聘本校的博士职位。博士学习一般为全职。在职学习博士职位的申请人必须受聘于其他单位，且工作有助于博士学习。在授予在职博士资格之前，申请人需与第一导师就未来学习计划达成一致。

在瑞典，学习和科研不是博士生的唯一任务，而是要承担一定的本科教学和其他利于博士生发展的工作任务，最多占其20%的时间。在博士生上岗教学之前，都会接受一定的岗前教学培训。这种集科研、教学于一体的培养模式，有利于博士生在攻读学位期间就能教学相长，逐渐成长为合格的教研人员。

博士生雇员身份聘期有时间限制，尽管博士全职学习的时间为4年，但雇员身份聘期通常最多为5年。特殊情况是，当申请者被聘为硕士上学位职位时，尽管硕士上学位的全职学习时间为2年，但聘期最多不得超过3年。

聘期分三个阶段，第一阶段最多一年，第二和第三阶段聘期均为最多2年。在续聘到下一聘期时，督导和导师应对学生是否能够完成学业进行评估。在完成前两个聘期后（1+2年），若博士生被评估为合格，则将优于新申请者受聘于博士学生职位（Doctoral Student Position），直到其获得博士学位。

在博士学生职位聘期结束前至少一个月，学生会收到聘期到期通知。若职位提前终止，则系主任或代理主任有权决定学生终止学习，并出具书面通知，说明原因。博士学生职位可以延期，但须有充足理由。根据法定休息日，如果学生有要求，则聘期会相应延长。在延期申请得到批准之前，导师和学生应就接下来的学习计划达成一致。尽管规定全职博士的学习时间不得超过5年，但如果学生在5年之内拿到博士学位，则该博士职位还可延期，最多延期一年。系主任有权决定博士毕业后是否还能延长其博士职位聘期。[9]

（四）质量监控体系

与中国高校的博士培养质量控制流程相比，瑞典的更加完善，不仅在论文撰写和答辩环节有严格的要求，而且每一学年末和学习中期都有相应的考评。

1. 个人学习计划和学习跟进

按照规定，每个博士生都要制订相应的个人学习计划，并有相应的时间节点来完成博士论文。除了规定不同阶段应达到的学习目标外，学习计划还应包含与学分相关的学习时间分配等其他内容。导师负责学生在被录取后的三个月内完成学习计划的制订，计划完成后交给教学主任。教学主任对学生的个人学习计划进行编号并存档至所在学系。

通常情况下，根据学习计划，学生在完成50%的博士学习时段后应能达到硕士上学位的水平。若不颁发硕士上学位，则应举行中期考评会，以证明该生已达到硕士上学位所要求的水平和要求具备的能力。

通常在两年半的时候，博士生、教学主任和导师会收到关于硕士上学位或中期汇报的提醒通知。教学主任负责跟进学生每年学习计划的完成情况，并每年对学习计划进行评估，在必要时做出调整，同时负责将更新的学习计划存档。教学主任（或同等的职位）、导师和督导参与博士生学习状况的跟进。[10]

2. 年度考评

除了个人学习计划，博士生每年还要参加年度考评。在进行年度考评时，博士生在导师指导下要对学习研修情况进行书面总结，内容主要包括：①是否按照原定学习计划完成了预定的教学内容；②比照学习计划，对课程学习和研究课题进行总结回顾，剖析其是否偏离了个人学习计划；③有无严重偏离原定的研究进度和经费资助计划的情况；④其他值得报告的信息，如国际化参与程度等。在瑞典高校，博士生要保持最低程度的国际接触，学校要鼓励支持博士生参与国际交流合作，赴外与国际同行进行学术交流，了解本领域国际学术前沿动态和最新资讯。因此，在年度考评中，博士生的国际交流程度也是一个重要考评方面。

如果在博士生年度考评中发现存在严重问题，包括未能达到教学计划规定的要求，或个人研究偏离课题目标等，则导师应向分管研究生工作的系主任报告，提出博士生培养的修订计划。

3. 中期评估

中期评估是在博士毕业前对其研修情况的一次全面审查，其结果会直接影响学生是否能继续进行研修或得到相应的学位。中期评估的时间一般是在博士生入学后的第一年年末或第三年，是公开举行的。在召开之前，会提前在校园内张贴有关汇报会的时间和地点通知。中期评估一般由第一导师提议，主管博士教育事务的系主任或代理主任负责组织评估小组。评估小组通常由 3 名成员组成，评估成员需要具备以下条件：具有公正性、拥有丰富的专业知识、有博士学位、与博士生的研究项目无关。

中期评估工作由汇报会和随后的评审组成。在汇报会上，博士生必须对照个人学习计划，用英语或瑞典语汇报研究进展和进一步研究的具体计划。在评审时，评估小组成员将对照博士生的个人学习计划和学习情况总结报告，对学生的研究成果进行审查，并对其在申请博士学位时能够获得批准的可行性做出评估。必要时，评估小组还将对原定的个人学习计划提出修改意见，并与博士生本人及其导师共同讨论下一步的研究工作。最后，评估小组按照统一格式出具一份评审报告，内容包括：①学生已完成的课程和所修学分，待完成课程和学分；②学生研习进度是否与最初个人研究计划相符合；③相关科研项目的研究质量和进度情况；④对学生独立研究能力潜力拓展的分析评判；⑤第一导师和导师小组成员为学生提供研究指导的深度和广度；⑥学生在研习中是否存在违背伦理准则和规章制度的情况说明；⑦在研习期间学生获得的经费资助相关情况说明等。[11]

4. 论文预审与公示

为了确保论文质量，论文初稿应由研究生委员会和答辩委员会成员进行预审。论文应至少提前 3 个月送审。送审意见需在答辩前两个月返回，表明论文已收到，质量达到答辩标准。若预审专家认为论文不能参加答辩，则需说明原因。

在接到申请后，由主管系主任或代理主任确定答辩日期、时间和地点。有关信息至少应在答辩前三周发布。答辩前三周，学生应准备足够多的论文，以供校内外评审使用。[12]

在学位论文答辩前，博士生必须公示自己的学位论文。论文的公示过程为：①系（部）负责人首先确认打印的论文与申请书上拟公开答辩的论文是否一致，确认无误后签署“同意公示”意见；②将规定份数的论文副本交与学校图书馆；③学生从所在学院博士教育管理部门领取论文公示材料，将论文张贴公示于图书馆的指定位置，公示时间至少为 3 周；④论文公示当天，要将论文送给首席辩论人、论文考核小组所有成员。[13]

5. 论文公开答辩会

（1）组成论文及答辩评判委员会（Grading Committee）。学生要进行学位论文答辩必须至少提前 4 个月向所在学院主管博士教育的系主任或代理主任提出申请。在接到申请后，主管博士教育的系主任或代理主任组织成立评判委员会，对论文进行评审。评判委员会由 3 名成员组成，在项目涉及跨学科研究等情况下可增至 5 人。评判委员会成员大多来自其他院系或是外校的教师或科研人员，与博士生、导师或督导没有任何关联，但评判委员会成员的学科背景和综合能力应能覆盖研究课题涉及的专业范围。评判委员会中最多可有1名成员来自博士生所在的系（部），至少2名成员来自校外单位。评判委员会成员的专业水平应至少达到副教授级别，在遴选时应遵循平等的原则。评判委员由主管博士教育的系主任或代理主任指定。之后，在评判委员中自主选出一名主席。虽然反对委员（Opponent）和第一导师不得参与评判委员会的决议，但是他们应参与评判委员会的讨论。督导和答辩委员会主席可参与评判委员会的讨论。[14]

论文评判委员会依据博士生的论文汇编（博士生结果或发表论文）及参考博士生在4年学习期间（240个学分）应达到的学业目标，对学位论文的内容和质量进行评判。如果评判委员会认定论文存在质量问题，则建议论文公开答辩会延期，并书面说明延期原因（博士生可一次性被允许延期6个月，以对论文进行修改）。

（2）论文公开答辩会。通常情况下，答辩委员会由3～5名教授或副教授组成，一般与论文评判委员会成员一致，其中至少2名来自外校，答辩委员会的任何一名成员都有可能被提名为论文公开答辩会的主席，而博士生导师不能成为论文公开答辩委员会的成员。答辩委员会主席和反对委员由主管博士教育的系主任或代理主任指定。答辩通常在8月底至12月底之间或1月初至6月中旬进行。特殊情况经系主任或代理主任审批可在其他时段进行。[15]论文答辩包括如下环节：①答辩委员会主席主持答辩会，向听众介绍学位申请人、论文题目、首席辩论人（由国外或国内其他学校教师担任）、论文答辩委员会成员的情况；②首席辩论人或学位申请人对学位论文课题研究情况和相关研究项目进行简要介绍；③学位申请人或首席答辩人陈述主要研究成果和独创性贡献；④首席辩论人向学位申请人提问，就论文内容与学位申请人进行讨论，分析论文的优缺点，在这一环节学位申请人应尽最大努力回答首席辩论人提出的问题；⑤答辩委员会主席邀请论文答辩委员会其他成员提问，学位申请人就所提问题进行逐一回答；⑥答辩委员会主席邀请旁听者提问，学位申请人应做出相应回答；⑦问答环节之后，答辩委员会主席对论文公开答辩进行总结，并提请论文答辩委员会即刻召开会议对博士学位论文予以评分。[16]

博士论文及答辩的评判结果分为“通过”或“不通过”，评判委员会全体成员出席即达到法定人数，评判委员会的大多数成员的意见即为评判委员会的最终决议。若评判委员会的决议为“不通过”，则必须说明原因。对于保留意见是否向上汇报由评判委员会决定。评判时，评判委员会会考虑学生的知识深度和独立研究分析的能力。[17]

6. 博士学位授予仪式

瑞典的博士学位授予仪式隆重而热烈。在举行学位授予仪式当天，所有博士学位获得者和博士生导师身着节日盛装，在乐队的伴奏和旗手的引领下，围绕校园游行一周，接受大家的祝福，同时也是一种程序上的公示。在学位授予仪式上，主持人向来宾介绍每位博士学位获得者的基本情况，并向有突出贡献的博士生导师颁奖。在所有来宾的注目下，学院领导或学校领导为学位获得者戴上象征荣誉的花环并颁发学位证书。[18]瑞典的学位证书为英语和瑞典语双语印制。在瑞典皇家理工学院，博士学位授予仪式在独具特色的教堂式建筑中进行，博士生在接受学位之前要进行宣誓，气氛庄重而热烈，让人对学术殿堂充满敬意。在瑞典，所有博士学位获得者都有机会到诺贝尔奖颁奖的金色大厅参加晚宴。这是一种荣誉，也体现了瑞典对博士生这一高素质人才的高度重视。

（五）准退机制

在中国，由于博士生都是经过全国统一考试，再经过各校面试，按照国家给定的招生计划录取的，因而有相应的毕业率要求。这就使得在实际操作过程中博士生一旦入学，其导师就必须保证其能毕业，否则不仅会影响学校的声誉，也会影响导师继续招收博士的资格。这样一来，即使有博士生不能完全达到培养要求，导师和学校也会“放宽”要求，准予其毕业，最终会降低人才培养的整体水平。

而在瑞典，博士生培养有明确的准退机制。在入学一年或第三年进行的中期评估中，依据个人学习计划、学生自我陈述及导师评价等信息，评估小组进行核定，若评估结果表明该博士研究生不具备继续攻读博士学位的能力或条件，则该生所在系主任或代理主任将有权决定中断其研习的资格。准退决议将以书面形式体现，在决议里会阐明学生不能继续深造的原因。对此，学生可以向负责博士生事务的副校长申诉，申诉时限为中断深造决议发出的一周之内。主管副校长会在最终的书面决议中说明做出该决议的原因。对于与企业联合培养的博士或与国外合作院校开展的双学位博士项目都遵循此例。具体操作流程如下：[19]

（1）当发现博士生学习存在问题时，最初要采取措施纠正其行为，制订详细行动计划，加强监督，必要时更换导师或采取其他支持性措施。所采取的措施应记录在案。

（2）若仍存在问题，则会面临学习中断的情况，这时学生应被通知与第一导师、学生事务主管和人事专员面谈。期间，学生应被告知博士申诉专员的职责，有问题可以向学生工会寻求支持。

（3）第一导师和学生事务主管会召集会议，与系主任或代理系主任、人事专员、教学主任，以及学生申诉专员一起讨论中断学生研修的事宜；如果学生是工会组织成员，那么参与讨论的还要包括当地工会代表。若在录用第一年或第三年之后第一导师和督导提出博士生研修中断的提议，则意味着该学生不具备继续完成学习的能力或必备条件，这些都要在会议记录中详细记录说明。会议之后，系主任决定是否进一步采取中断学生研修的措施。

（4）教学主任会出具书面意见，学生申诉专员也会出具书面意见。

（5）学生本人也有机会进行书面陈述。

（6）在发出正式终止研修决议之前，学生和相关工会组织会被提前两周告知。

（7）在被告知研修中断决议后的一周内，学生或工会组织可以要求对决议进行复核。

（8）系主任或代理主任会对是否中断学生博士研修给予裁定。在进行相关评估时，应考虑学校本身是否按照学习计划履行相应职责。决议以书面形式出具，详细说明做出该决议的原因，并附上相关记录在案的材料。至少提前一个月告知学生关于正式结束博士研修身份的决议。

（9）对于中断研修的决议，学生可向主管副校长申诉，除了之前提到的相关材料外，副校长会从执行纪律委员会（the Operational Ethics Committee）或同等机构中获得相关意见。经过亲自调查，副校长会做出最后裁决。

（10）在处理相关事务时若学生不懂瑞典语，则所有相关材料应翻译成英语。

（11）导师有选择学生的权利，同样，学生也有选择导师的资格。博士生有充足的理由可以向所在院系提交更换导师的申请，申请必须以书面形式提交，并提供相关证明材料。对于博士生提出的更换导师诉求需先在相关的部系进行审核。院系做出的决议可以向主管副校长申诉，由主管副校长做出最终裁决。[20]这种双向的准退机制有利于师生双方进行二次选择，既是一种鞭策，也是对培养质量的有效监督和保障。

从博洛尼亚进程中的博士教育改革目标与瑞典博士教育中包括的培养目标、管理体制及质量监控体系等主要环节中，我们不难看出两者具有很强的可比性和匹配性，瑞典博士教育现行体制深受博洛尼亚进程的影响，从实操层面看更具操作性和系统性，不失为博洛尼亚进程博士教育改革成功的典范。

第三节　瑞典博士教育质量评估

为了确保博士教育的质量，瑞典高等教育署受瑞典政府委托，除了对高等教育整体进行评估外，还对博士教育进行专项评估，撰写评估报告，并提出改进建议，以促进博士教育和研究水平高速发展。

一、博士教育质量评估的主要原则

瑞典博士教育基于高等教育第三级教育的整体性，包括论文、课程及其他要素。在评估中，第三级教育的硕士上学位和博士学位项目被作为一个整体进行评估。这是因为两者对研究质量有相同的要求，而且在现存体制下这两个层次所授学位不管是一般性学位还是美术、应用与表演艺术学位都没有明显区别。尽管一般性学位和美术、应用与表演艺术学位的限定指标不同，但在评估中都采用相同的程序，依据各自对应的指标进行评价。

以高校针对学科领域和专业性质制订的研究计划为依据，高等教育署选取高校开设的能够授予硕士上学位和博士学位的专业项目进行评估。连续两年没有注册学生或评估前已终止的项目不纳入评估范围。

由于行业传统或研究项目和高校规模不同，而且博士项目受学生个体以及特定的研究项目影响，获得博士学位的途径迥异，因此，在描述和评估第三级项目过程中要充分考虑上述影响因素，将第三级项目作为一个有机整体进行评价。这使得自评报告和高校的自我评估都要考量个体项目的变量因素。即使评估不以博士论文或有记载的艺术研究项目为依据，也要对完成论文或艺术研究项目的过程进行考查。例如，要对与学位论文相关的同行评议过程，包括论文指导、评审汇报会、课题研讨会和论文答辩会等进程进行评估。

所有的项目评估都以瑞典《高等教育法》《高等教育管理条例》和《学位管理条例》中的相关规定为指导。采用的评估方法既要吸取以往的评估经验总结，也要听取来自高等教育机构、学生、雇主和劳动市场代表等各方面的意见和评价。所用方法的决定依据要适用于所有学位层次的一般性结构框架。

由于评估不仅能对相关博士项目结果进行审查，还能帮助高等教育机构改善教育质量，因此评估专家必须对被评估高校好的做法给予积极评价，并且要指出未来发展中应着重加强的领域。

评估侧重于现实条件对目标达成的影响作用，即高等教育机构如何使博士项目满足《高等教育法》和《高等教育管理条例》规定的要求，并使其符合《欧洲高等教育区质量保障标准与基本原则》。此外，评估还要考虑高校如何提供机会使博士生达到欧洲学位资格体系中设定的目标，高校如何确保学生毕业后能达到质量标准等。因此，高校要对评估的跟进措施、行动计划和反馈进程进行描述和评价，以确保被评估项目得以系统地发展。[21]

综上所述，瑞典博士教育评估中遵循的基本原则主要包括：整体性原则——将硕士上学位和博士学位作为一个整体进行评估；项目活跃性原则——只评估在办的和有学生就读的项目；差异性原则——评估中充分考虑行业传统和个体及项目自身特质；守法性原则——博士项目是否符合瑞典高等教育相关法律法规及欧洲高等教育区标准；过程合理性原则——考查高校实施博士教育中程序的可靠性和系统性等方面。

二、评估学科领域及评估对象

瑞典博士教育质量评估的学科领域主要包括六个方面：自然科学、工程技术、医学与健康科学、农业科学、社会科学，以及人文领域（含艺术研究）等。在博士教育评估中，由于艺术研究领域与人文领域是分开评估的，因此艺术领域是第七个研究领域。可见，瑞典博士教育质量评估几乎涵盖了各个学科领域，范围较广。

对于评估对象，主要涵盖以下几个层面：有资格开设三级项目并且至少已有一个项目参加过评估的瑞典高校；高校开设的三级项目中至少有一个专业领域要接受评估；对选取的应用领域和研究领域的所有项目在全国范围内开展评估。[22]评估对象既包括高校自身，也包括专业领域，还包括项目本身，评估范围达到了点线面的全方位覆盖。

三、评估内容、评估视角和评估标准

瑞典博士教育质量评估要点包含三个方面的内容：一是对研究环境、资源与领域的考查；二是对高校博士教育理念、教学/学习过程和结果的考查；三是对高校跟进计划、行动措施和反馈内容的评价。

评价视角包括：学生和博士生视角、工作生活视角、男女平等视角等。

每项评估要点都按照以上三个视角分成不同方面，依据相应的标准进行审查。对高校跟进计划、行动措施和反馈内容的评价几乎融入了评估的各个方面，专业领域评估除外。

瑞典高等教育署会对每个审查要点和评估视角进行整体评鉴。为了确保评估的合法性、可预见性和透明性，评估的要点、角度及标准都要事先告知高校和其他利益相关者，以及对所有项目采用相同的评估标准。[23]

（一）对研究环境、资源与领域的评估

“研究环境、资源与领域”包括第三级专业领域、人员情况（此处指导师资源）以及专业环境。关于教育环境的范围及质量，评估的基点是环境的质量、宽度与可持续性，这方面的评估从博士生的视角进行，主要考查博士生的教育科研广度与质量。科研环境的优劣取决于物理空间大小、科研人员数量以及专业领域的广度，同时考虑博士生是否有足够的机会与国内外研究人员开展科研合作。另外，稳定性也是评估科研环境好坏的一个重要方面，即是否有稳定的导师/教师队伍。

1. 研究环境评估

对于研究环境的评估标准，概括起来包括两个方面：一是高校研究及艺术研究的质量是否可靠，规模是否适当，教育体系是否完善，以及是否与国内外社会群体有相关合作；二是是否有系统的三级教育环境改善措施，以确保高质量的教育研究环境。

针对研究环境评估，高校需要使用实例进行相应描述、分析和评价，评估团成员据此做出评审。考查点具体包括以下几个层面：①高校在拓宽研究环境和学术交流网络、确保博士生在学术网络中的参与度方面所采取的措施，学术网络对提升专业环境规模和质量所起的作用，与社区开展合作的方式，学位论文质量和论文答辩的高校内部质量保障措施；②博士生的构成情况，包括性别、年龄、专业分布及专业语言技能等。博士生是否有在外兼职的情况，以及该现象带来的机会与挑战和已经采取的措施；③导师的构成情况，包括性别、年龄、专业分布及与专业相关的语言技能。导师是否有在外兼职的情况，以及该现象带来的机会与挑战和已经采取的措施；④保障良好研究环境的系统机制、采取的跟进措施以及与社会团体的合作情况等。

评估团成员在对研究环境进行评审时应遵循以下指导原则：①基于收集到的材料、评估内容和评估标准，对“研究环境、资源与领域”进行综合评估；②侧重发掘能够确保质量提升的优秀案例，并对改进措施进行评价；③如果对高校研究环境评价不高，则要明确指出不足之处，并提供改进建议。[24]

2. 人力资源评估

人力资源评估标准包括：①导师和教师人数，与专业内容和教学活动量相比教师资源的配比是否充足；②为保证博士项目的高质量，导师和教师所应接受的系统专业培训情况，以及培训对质量提升起到的显著效果和相应改进措施。

在这一过程中，高校需要使用实例进行相应描述、分析和评价，评估团根据高校的分析报告做出相应评鉴。高校和评估团主要关注如下方面：①与博士项目对应的导师和教师的综合专业技能水平；②为保持导师资源长期充足所采取的有效措施；③根据需要调整导师队伍所采取的措施；④导师和教师在教学和研究指导中是否能够与时俱进；⑤促进导师和教师在个人相关领域开展科研，并不断提升其专业技能水平的机会；⑥确保指导和教学质量的有效措施，以及对提升质量水平所采取的改进行动。[25]

3. 专业领域评估

专业领域评估的主要依据包括：①高校对第三级教育专业领域的分类状况；②与通用分类和专业经验相比该分类是否恰当；③高校所授学位的专业领域与第三级教育领域的相关度。

对于专业领域，高校要提供详细描述并阐明理由，评估团据此做出评价。这一过程关注的重点包括三个方面：①对第三级教育专业领域的分类（包括广度和深度）方法；②开设的专业领域与通用标准及经验的相关度；③高校所授的博士学位项目与第三级教育领域的关联性。[26]

（二）教育理念、教学/学习过程和结果的评估

教育理念、教学/学习过程和结果的评估主要考查项目是否实现了博士培养的三个预设目标：知识和理解力、能力与技能、判断力与方法论。

对“知识和理解力”目标完成情况的评估，采用的评判标准包括：①通过恰当的教育理念、成套的教学活动和考试，博士学位获得者掌握了本专业领域的知识并具备较强的理解力；②拥有能够使教育理念得以贯彻、教学活动和考试正常进行的系统质量保障流程，以及相应的信息反馈渠道和改进措施。

对“能力与技能”目标完成情况的评估，所用标准包括：①通过恰当的教育理念、成套的教学活动和考试，博士学位获得者具备对新事物和复杂现象进行独立专业分析和综合评述的能力，以及思

辨评价的能力；具备以专业精准角度独立创新地识别、构建问题的能力；具备在预定时间内策划并使用恰当方法实施研究和其他复杂任务，并对类似任务进行评审和评估的能力；能够通过自我研究，以论文形式对人类知识创新和形成做出重要贡献；具备在国内和国际学术界及一般民众间以口头、书面、对话形式权威呈现和讨论科学研究和研究发现的能力；具备探查所需新知识的能力；具备为社会发展贡献力量的能力，以及通过研究、教育或其他专业方式为他人学习提供支持的能力。②拥有能够使教育理念得以贯彻、教学活动正常进行的系统质量保障流程，以及相应的信息反馈渠道和改进措施。

对“判断力与方法论”目标完成情况的评估，采用的标准包括：①博士学生是否学术独立、学风清廉端正，并能对科研规范做出准确判断；对科研可能性和局限性是否有专业洞察力，是否能科学预见科研发挥的社会作用和个人使用科研成果应承担的责任。②拥有能够使教育理念得以贯彻、教学活动正常进行的系统质量保障流程，以及相应的信息反馈渠道和改进措施。

在这一过程中，高校要运用实例描述、分析和评价如何达成提高博士生知识水平和理解力的目标，评估团据此做出评价。对以上三个定性目标实现情况的评估主要侧重于以下几点：①高校如何从形式上和内容上确保博士生能够掌握相关领域的知识并具备较高的理解力；②如何按照进度逐步实现预定目标，以及定性目标、学习结果、学习活动和考试之间有何关联；③如何确保博士生在规定时间内完成学业目标；④如何给学生提供与专业培养方案和学生个人学习计划相关的高质量的课程；⑤采取了哪些确保预定目标实现的质量提升措施。[27]

（三）对高校跟进计划、行动措施和反馈内容的评估

在对所收集文件和相关评估结果的综合评判基础之上，评估团会对高校跟进计划、行动措施和反馈内容进行评价，明确指出高校的创新举措，同时也会指出不足，并提出相应的改进建议。[28]

四、评估素材

评估素材包括高校自我评估报告、项目培养方案、博士生的个人学习计划、对博士生或被评估项目其他受访人员的采访记录，以及瑞典高等教育署收集的其他材料。这些素材要统一加权进行分析。[29]学位论文和记录在案的艺术研究项目不作为评估素材，因为瑞典高等教育署认为学位论文和艺术研究项目通过答辩和外部评审委员会的审核等环节已经足够确保其质量水平，所以没有必要再花费额外的精力和资源去重复评估。

根据要求，所有评估材料都要高校上传到瑞典高等教育署专用网站，而高等教育署在评估之前也会为高校提供自评的指导原则和所需的材料模板。

高校的自评报告要按照高等教育署提供的模板准备，但不得超过 25 页。自评报告模板可直接从高等教育署网站下载，高校完成之后可以直接上传。自评报告的目的是给高校提供自我评价的机会，高校对照相关标准，检验从内容和视角上能否满足评估的要求。在评估报告中，高校要用实例描述、分析和评价自身如何确保、跟进项目的质量，如何以系统的方式确保博士生毕业时能达到预定的质量目标。在自评报告中，高校既要指出优势所在，也要提出不足之处，并提供改进计划和实施策略。这样做是为了使评估者对项目有一个全面的了解，使其更好地理解高校内部的质量保障机制。自评报

告内容要详实完整，引用材料需标明出处，必要时可附上其他附加信息。

根据瑞典《高等教育管理条例》，博士项目必须有培养方案。因此，在评估中，瑞典高等教育署着重考查项目培养方案的合规性，即其是否涵盖了项目的主要内容、具体的入学要求及其他规定等。

个人学习计划是随机抽取的。每个项目的评估都要审查个人学习计划，一个项目最多抽取 16 份个人学习计划作为审查依据。如果没有个人学习计划，则需要高校提供其他文献材料。对个人学习计划的审查主要是对其内容的合规性和跟进流程的完整性进行评价。按照瑞典《高等教育管理条例》，个人学习计划应定期跟进并适时进行调整，从内容上要包含高校和博士生应承担的责任。具体来说，评估的关注点侧重于以下几个方面：①是否每个博士生都有个人学习计划；②个人学习计划是否体现博士生要完成的研习任务；③个人计划中是否包含高校应承担的责任；④是否体现博士生应承担的高校赋予的任务；⑤是否包含博士研习的时间表；⑥个人学习计划是否是学生与导师共同商讨后的结果，以及学习计划是否定期跟进并且征询导师和学生意见后做出相应调整等。

采访以网络面谈的形式进行，采访对象为博士生以及高校代表人员。面谈的时间取决于评估组所提问题的数量。受访高校和博士生会在接受访谈前两周收到访谈问题的范围以及相关回答说明。高等教育署会提前一周通知受访人员的面谈时间。受访博士生优先从与高校学生会关联或类似性质的学生组织所推荐的人选中选择。

此外，评估材料还包括瑞典官方机构发布的学生毕业率和就业率、以往的评估报告等信息。这些材料作为面谈的背景材料，用于在面谈中进行讨论或提问。

五、评估团

按照通常的提名程序，瑞典高等教育署与相关高校、学生会（通过瑞典国家学生会推荐）、用人单位和劳动力市场组织一起合作，选出博士教育评估团成员。总的来说，评估团成员要有丰富的专业知识，能够对评估的所有领域和角度做出专业、公正的评价。评估团通常由评审专家、博士生代表、用人单位和劳动力市场代表三部分人员组成。

作为一种质量保障措施，在瑞典高等教育署对评估团成员做出正式任命之前，高校可对评估团成员组成做出评价，指出存在的不合理因素或利益冲突等方面。所有评估成员都要接受高等教育署有关评估和工作方法的培训。

评估团成员要履行以下职责：①商讨评估的内容、专业领域、角度和标准；②参加整个评估过程的所有会议；③作为一个团队，在与高校首次会晤时要接受高校的评价；④评审不同评价标准，对评审结果进行书面总结，并详述评审所依据的数据材料；⑤共同起草与博士生、导师和高校领导面谈的问题；⑥以联合声明形式发布评估总结报告，提出评估团的整体评估意见和决议。[30]

六、评估报告

评估团对博士教育的评估要基于前文所述的所有材料，即高校自我评估报告、项目培养方案、博士生的个人学习计划等。经过综合考查评价，评估团会出具评估报告，评估的决议和相应原因要在报告中详细陈述，同时要指出项目的优势与不足，以服务于高校的博士教育可持续发展。在瑞典高等教育署做出正式评估决议之前，评估报告会返给相关高校，征集反馈意见，以便对报告中与事实相悖的谬误做出及时修正。[31]

七、评估决议

评估决议分为两种，即评估合格或不合格。基于评估团出具的评估报告，瑞典高等教育署最终对受评博士项目做出裁定，确定其是否通过评估。对于没有通过评估的项目，高校开设该博士项目及颁发相应博士学位的权限将会受到影响，严重时会被取消资格。评估结果信息会发布在瑞典高等教育署网站上，供各方查阅参考。[32]

八、评估跟进

按照评估流程，博士项目评估不合格的高校在评估一年之后要向瑞典高等教育署提交整改报告。[33] 对整改报告中所采取的措施，高等教育署将成立专门评估团对其进行评审，必要时需高校提供其他辅助材料并进行面谈。如果评估团认为整改措施合理有效，则会向高等教育署提交新的报告。依照评估团出具的报告，高等教育署决定是否准予该项目通过评估。如果最终决议仍为不合格，则高校有关该项目的博士学位授予权限将被吊销。这一机制适用于公立高等院校，瑞典农业科学大学（Swedish University of Agricultural Sciences）和瑞典国防大学（Swedish Defence University）除外。对于独立课程提供机构、瑞典农业科学大学和瑞典国防大学，评估团及高等教育署的评估意见要提交至瑞典政府，由政府做出最终决议。

瑞典《高等教育法》规定，对于吊销学位授予权限的项目，已注册学生可以按原计划完成学业。高校可以终止评估不合格的博士项目，但该终止决议最晚必须于提交整改报告限期的前一天告知瑞典高等教育署。在此情况下，该项目评估程序结束。然而，若在整改报告提交截止日之后收到高校终止项目决议，则瑞典高等教育署要采取跟进措施，对相关高校的学位授予权限进行进一步审核。

另外，因为瑞典高等教育署认为对评估合格的项目也要进行跟进，所以会采取调研、研讨等形式予以跟进，以促进博士教育的良性和可持续发展。

综合以上内容，瑞典博士教育评估流程包括高校自评、访谈、评估团评审、评估团出具初评报告、高校给予初评报告回馈、高等教育署确定最终评估决议，并对评估结果进行跟进，督促高校改善博士教育质量一整套环节。在这一过程中，高校的参与贯穿始终，确保评估的可信度和关联性，能够对高校博士教育的发展起到切实的推动作用。

附　录

附录一　瑞典高等教育机构 2015 年名录

一、具有颁发第一、第二和第三级学位资格的瑞典高等教育机构列表

序号	英文名称	中文译名	性质
1	Uppsala University	乌普萨拉大学	公立
2	Lund University	隆德大学	公立
3	University of Gothenburg	哥德堡大学	公立
4	Stockholm University	斯德哥尔摩大学	公立
5	Umea University	于默奥大学	公立
6	Linköping University	林雪平大学	公立
7	Karolinska Institute	卡罗林斯卡学院	公立
8	KTH Royal Institute of Technology	瑞典皇家理工学院	公立
9	Lulea University of Technology	吕勒奥理工大学	公立
10	Karlstad University	卡尔斯塔德大学	公立
11	Linnaeus University	林奈大学	公立
12	Örebro University	厄勒布鲁大学	公立
13	Mid Sweden University	瑞典中部大学	公立
14	Swedish University of Agricultural Sciences	瑞典农业科学大学	公立

续表

序号	英文名称	中文译名	性质
15	Blekinge Institute of Technology	布莱金厄理工学院	公立
16	Dalarna University	达拉那大学	公立
17	Halmstad University	哈尔姆斯塔德大学	公立
18	Malmö University	马尔默大学	公立
19	Mälardalen University	埃斯基尔斯蒂纳大学	公立
20	Södertörn University	赛德尔特大学	公立
21	The Swedish School of Sport and Health Sciences	瑞典体育与健康科学学院	公立
22	University of Borås	博尔艾大学	公立
23	University of Gävle	耶夫勒大学	公立
24	University of Skövde	汇武德大学	公立
25	University West	西部大学	公立
26	Ersta Sköndal University	艾尔塔申达勒大学	私立
27	Jönköping University	延雪平大学	私立
28	Chalmers University of Technology	查尔姆斯理工大学	私立
29	Stockholm School of Economics	斯德哥尔摩经济学院	私立

说明：序号为 15 ~27 的高校在 2015 年仅具有颁发一个或多个特定研究领域的三级学位资格。

（资料来源：*Higher Education in Sweden—2016 Status Report*，the Swedish Higher Education Authority，p. 64）

二、具有颁发第一和第二级学位资格的瑞典高等教育机构列表

序号	英文名称	中文译名	性质
1	Kristianstad University	克里斯蒂安斯塔德大学	公立
2	University College of Arts，Crafts and Design	艺术、工艺和设计大学学院	公立
3	Royal Institute of Art	皇家艺术学院	公立
4	Royal College of Music in Stockholm	斯德哥尔摩皇家音乐学院	公立
5	Stockholm University of the Arts	斯德哥尔摩艺术大学	公立
6	Swedish Defence University	瑞典国防大学	公立
7	Beckman College of Design	贝克曼设计学院	独立教育提供机构
8	Gammelkroppa School of Forestry	甘默尔克罗帕林业学院	独立教育提供机构
9	Johannelund Theological Seminary	卓汉拿隆德神学院	独立教育提供机构
10	Newman Institute	纽曼学院	独立教育提供机构

续表

序号	英文名称	中文译名	性质
11	Sophiahemmet University	索菲亚赫美大学学院	独立教育提供机构
12	Stockholm School of Theology	斯德哥尔摩神学学院	独立教育提供机构
13	The Red Cross University College	红十字会大学学院	独立教育提供机构
14	University College of Music Education in Stockholm	斯德哥尔摩音乐教育大学学院	独立教育提供机构
15	Orebro School of Theology	厄勒布鲁神学学院	独立教育提供机构
16	Evidens University College	伊文德斯大学学院	独立课程提供机构
17	Stockholm Academy for Psychotherapy Training	斯德哥尔摩心理治疗训练学院	独立课程提供机构
18	The Erica Foundation	埃里卡基金会	独立课程提供机构
19	The Swedish Institute for CBT & Schema Therapy	瑞典 CBT 与图式疗法协会	独立课程提供机构

（资料来源：*Higher Education in Sweden—2016 Status Report*，the Swedish Higher Education Authority，p. 64）

附录二　世界排名榜上的瑞典名校与一流学科

一、QS 世界大学排名榜（QS World University Rankings）上的瑞典名校

序号	2016 年 QS 世界排名	学校名称	中文译名
1	73	Lund University	隆德大学
2	97	KTH Royal Institute of Technology	瑞典皇家理工学院
3	98	Uppsala University	乌普萨拉大学
4	139	Chalmers University of Technology	查尔姆斯理工大学
5	196	Stockholm University	斯德哥尔摩大学
6	264	University of Gothenburg	哥德堡大学
7	282	Linköping University	林雪平大学
8	294	Umea University	于默奥大学

（资料来源："*QS World University Rankings*"，https：//www. topuniversities. com/university – rankings/world – university – rankings/2016，2017 年 1 月 22 日）

二、QS 世界大学学科排名榜（QS World University Rankings by Subjects）上的瑞典一流学科

（一）大类学科排名情况

大类学科	2016 年 QS 世界排名	学校名称	中文译名
工程与技术 Engineering & Technology	29	KTH Royal Institute of Technology	瑞典皇家理工学院
	=98	Chalmers University of Technology	查尔姆斯理工大学
	=110	Lund University	隆德大学
	=182	Uppsala University	乌普萨拉大学
	=188	Stockholm University	斯德哥尔摩大学
	=224	Linköping University	林雪平大学
	401～450	Lulea University	吕勒奥大学
	401～450	University of Gothenburg	哥德堡大学
生命科学和医学 Life Sciences & Medicine	7	Karolinska Institute	卡罗林斯卡学院
	49	Uppsala University	乌普萨拉大学
	=88	Lund University	隆德大学
	=108	University of Gothenburg	哥德堡大学
	=213	Umea University	于默奥大学
	=222	Stockholm University	斯德哥尔摩大学
	=284	Linköping University	林雪平大学
	=287	Swedish University of Agricultural Sciences	瑞典农业科学大学
	381	Malmo University	马尔默大学
	451～500	KTH Royal Institute of Technology	瑞典皇家理工学院
自然科学 Natural Sciences	69	Stockholm University	斯德哥尔摩大学
	=90	KTH Royal Institute of Technology	瑞典皇家理工学院
	=90	Lund University	隆德大学
	=135	Uppsala University	乌普萨拉大学
	=190	Chalmers University of Technology	查尔姆斯理工大学
	=381	University of Gothenburg	哥德堡大学
	=398	Linköping University	林雪平大学

续表

大类学科	2016 年 QS 世界排名	学校名称	中文译名
艺术与人文领域 Arts & Humanities	80	Stockholm University	斯德哥尔摩大学
	=127	Uppsala University	乌普萨拉大学
	=131	Lund University	隆德大学
	=223	University of Gothenburg	哥德堡大学
	=307	KTH Royal Institute of Technology	瑞典皇家理工学院
	=347	Umea University	于默奥大学
	451 ~ 500	Linköping University	林雪平大学
社会科学与管理 Social Sciences & Management	=75	Stockholm School of Economics	斯德哥尔摩经济学院
	101	Lund University	隆德大学
	=102	Stockholm University	斯德哥尔摩大学
	=181	Uppsala University	乌普萨拉大学
	=249	University of Gothenburg	哥德堡大学
	=258	KTH Royal Institute of Technology	瑞典皇家理工学院
	=383	Linköping University	林雪平大学
	401 ~ 450	Chalmers University of Technology	查尔姆斯理工大学
	401 - 450	Umea University	于默奥大学

（资料来源："*QS World University Rankings by Subject 2017*"，https://www.topuniversities.com/subject-rankings/2017，2017 年 1 月 22 日）

（二）小类学科排名情况

小类学科	QS 世界排名	学校名称	中文译名
会计与金融 Accounting & Finance	51 ~ 100	Stockholm School of Economics	斯德哥尔摩经济学院
	101 ~ 150	Lund University	隆德大学
	151 ~ 200	Stockholm University	斯德哥尔摩大学
农业与林业 Agriculture & Forestry	4	Swedish University of Agricultural Sciences	瑞典农业科学大学
	201 ~ 250	Chalmers University of Technology	查尔姆斯理工大学
解剖学与生理学 Anatomy & Physiology	51 ~ 100	Lund University	隆德大学
	51 ~ 100	University of Gothenburg	哥德堡大学
	51 ~ 100	Uppsala University	乌普萨拉大学

续表

小类学科	QS 世界排名	学校名称	中文译名
人类学 Anthropology	51 ~ 100	Lund University	隆德大学
	51 ~ 100	Stockholm University	斯德哥尔摩大学
考古学 Archaeology	51 ~ 100	Lund University	隆德大学
	51 ~ 100	Stockholm University	斯德哥尔摩大学
	51 ~ 100	Uppsala University	乌普萨拉大学
建筑学 Architecture	23	KTH Royal Institute of Technology	瑞典皇家理工学院
	51 ~ 100	Chalmers University of Technology	查尔姆斯理工大学
	51 ~ 100	Lund University	隆德大学
	151 ~ 200	Stockholm University	斯德哥尔摩大学
	151 ~ 200	University of Gothenburg	哥德堡大学
艺术和设计 Art & Design	47	Konstfack University College of Arts, Crafts and Design	康斯坦凡科艺术、工艺与设计大学学院
	51 ~ 100	Royal University College of Fine Arts	瑞典皇家美术大学学院
	51 ~ 100	Umea University	于默奥大学
生物科学 Biological Sciences	38	Karolinska Institute	卡罗林斯卡学院
	51 ~ 100	Lund University	隆德大学
	51 ~ 100	Uppsala University	乌普萨拉大学
	101 ~ 150	Stockholm University	斯德哥尔摩大学
	151 ~ 200	University of Gothenburg	哥德堡大学
	201 ~ 250	Umea University	于默奥大学
	251 ~ 300	KTH Royal Institute of Technology	瑞典皇家理工学院
	251 ~ 300	Swedish University of Agricultural Sciences	瑞典农业科学大学
	351 ~ 400	Chalmers University of Technology	查尔姆斯理工大学
	401 ~ 450	Linköping University	林雪平大学
商业及管理学 Business & Management Studies	51 ~ 100	Lund University	隆德大学
	51 ~ 100	Stockholm School of Economics	斯德哥尔摩经济学院
	151 ~ 200	Uppsala University	乌普萨拉大学
	201 ~ 250	Linköping University	林雪平大学
	201 ~ 250	Stockholm University	斯德哥尔摩大学

续表

小类学科	QS 世界排名	学校名称	中文译名
化学工程 Chemical Engineering	101 ~ 150	Chalmers University of Technology	查尔姆斯理工大学
	101 ~ 150	KTH Royal Institute of Technology	瑞典皇家理工学院
	151 ~ 200	Karolinska Institute	卡罗林斯卡学院
化学 Chemistry	51 ~ 100	Lund University	隆德大学
	51 ~ 100	Stockholm University	斯德哥尔摩大学
	51 ~ 100	Uppsala University	乌普萨拉大学
	101 ~ 150	Chalmers University of Technology	查尔姆斯理工大学
	101 ~ 150	KTH Royal Institute of Technology	瑞典皇家理工学院
	301 ~ 350	Linköping University	林雪平大学
	351 ~ 400	Umea University	于默奥大学
	351 ~ 400	University of Gothenburg	哥德堡大学
工程结构学 Civil & Structural – Engineering	41	KTH Royal Institute of Technology	瑞典皇家理工学院
	51 ~ 100	Chalmers University of Technology	查尔姆斯理工大学
	51 ~ 100	Lund University	隆德大学
通信及传媒研究 Communication & Media Studies	51 ~ 100	Stockholm University	斯德哥尔摩大学
	51 ~ 100	Uppsala University	乌普萨拉大学
	101 ~ 150	Lund University	隆德大学
计算机科学与信息系统 Computer Science & Information Systems	51 ~ 100	KTH Royal Institute of Technology	瑞典皇家理工学院
	101 ~ 150	Uppsala University	乌普萨拉大学
	151 ~ 200	Chalmers University of Technology	查尔姆斯理工大学
	151 ~ 200	Lund University	隆德大学
	251 ~ 300	Linköping University	林雪平大学
	251 ~ 300	Stockholm University	斯德哥尔摩大学
	451 ~ 500	Lulea University	吕勒奥大学
牙医学 Dentistry	7	Karolinska Institute	卡罗林斯卡学院
	10	University of Gothenburg	哥德堡大学
	35	Malmo University	马尔默大学
发展研究 Development Studies	32	Lund University	隆德大学
	51 ~ 100	Uppsala University	乌普萨拉大学

续表

小类学科	QS 世界排名	学校名称	中文译名
地球和海洋科学 Earth & Marine Sciences	51～100	Lund University	隆德大学
	51～100	Stockholm University	斯德哥尔摩大学
	101～150	Uppsala University	乌普萨拉大学
经济学与计量经济学 Economics & Econometrics	41	Stockholm School of Economics	斯德哥尔摩经济学院
	51～100	Stockholm University	斯德哥尔摩大学
	101～150	Lund University	隆德大学
	151～200	Uppsala University	乌普萨拉大学
	201～250	KTH Royal Institute of Technology	瑞典皇家理工学院
	201～250	University of Gothenburg	哥德堡大学
	351～400	Chalmers University of Technology	查尔姆斯理工大学
教育学 Education	101～150	Stockholm University	斯德哥尔摩大学
	101～150	University of Gothenburg	哥德堡大学
	151～200	Uppsala University	乌普萨拉大学
	251～300	Linköping University	林雪平大学
电子电气工程 Electrical & Electronic Engineering	26	KTH Royal Institute of Technology	瑞典皇家理工学院
	51～100	Chalmers University of Technology	查尔姆斯理工大学
	51～100	Lund University	隆德大学
	101～150	Linköping University	林雪平大学
	151～200	Uppsala University	乌普萨拉大学
英语语言文学 English Language & Literature	51～100	Uppsala University	乌普萨拉大学
	101～150	Lund University	隆德大学
	101～150	Stockholm University	斯德哥尔摩大学
环境科学 Environmental Sciences	38	Lund University	隆德大学
	40	Stockholm University	斯德哥尔摩大学
	51～100	Uppsala University	乌普萨拉大学
	101～150	Chalmers University of Technology	查尔姆斯理工大学
	101～150	KTH Royal Institute of Technology	瑞典皇家理工学院
	101～150	Swedish University of Agricultural Sciences	瑞典农业科学大学
	151～200	University of Gothenburg	哥德堡大学
	251～300	Umea University	于默奥大学

续表

小类学科	QS 世界排名	学校名称	中文译名
Geography 地理学	26	Lund University	隆德大学
	39	Stockholm University	斯德哥尔摩大学
	151 ~ 200	Umea University	于默奥大学
历史学 History	51 ~ 100	Uppsala University	乌普萨拉大学
	101 ~ 150	Lund University	隆德大学
	151 ~ 200	Stockholm University	斯德哥尔摩大学
法学 Law	101 ~ 150	Lund University	隆德大学
	101 ~ 150	Stockholm University	斯德哥尔摩大学
	101 ~ 150	Uppsala University	乌普萨拉大学
语言学 Linguistics	51 ~ 100	Lund University	隆德大学
	51 ~ 100	Stockholm University	斯德哥尔摩大学
	101 ~ 150	Uppsala University	乌普萨拉大学
材料科学 Materials Science	39	KTH Royal Institute of Technology	瑞典皇家理工学院
	51 ~ 100	Chalmers University of Technology	查尔姆斯理工大学
	101 ~ 150	Uppsala University	乌普萨拉大学
	201 ~ 250	Stockholm University	斯德哥尔摩大学
	251 ~ 300	Linköping University	林雪平大学
	251 ~ 300	Lulea University	吕勒奥大学
数学 Mathematics	51 ~ 100	KTH Royal Institute of Technology	瑞典皇家理工学院
	101 ~ 150	Chalmers University of Technology	查尔姆斯理工大学
	101 ~ 150	Lund University	隆德大学
	151 ~ 200	Stockholm University	斯德哥尔摩大学
	151 ~ 200	Uppsala University	乌普萨拉大学
	301 ~ 350	Linköping University	林雪平大学
机械、航空和制造 Mechanical, Aeronautical & Manufacturing Engineering	=39	KTH Royal Institute of Technology	瑞典皇家理工学院
	51 ~ 100	Lund University	隆德大学
	101 ~ 150	Chalmers University of Technology	查尔姆斯理工大学
	251 ~ 300	Stockholm University	斯德哥尔摩大学
	301 ~ 350	Lulea University	吕勒奥大学

续表

小类学科	QS 世界排名	学校名称	中文译名
医学 Medicine	6	Karolinska Institute	卡罗林斯卡学院
	51 ~ 100	Lund University	隆德大学
	51 ~ 100	Uppsala University	乌普萨拉大学
	101 ~ 150	University of Gothenburg	哥德堡大学
	251 ~ 300	Linköping University	林雪平大学
	251 ~ 300	Malmo University	马尔默大学
	251 ~ 300	Umea University	于默奥大学
现代语言 Modern Languages	101 ~ 150	Lund University	隆德大学
	101 ~ 150	Stockholm University	斯德哥尔摩大学
	101 ~ 150	Uppsala University	乌普萨拉大学
护理学 Nursing	= 12	Karolinska Institute	卡罗林斯卡学院
	= 46	University of Gothenburg	哥德堡大学
	49	Lund University	隆德大学
	51 ~ 100	Linköping University	林雪平大学
	51 ~ 100	Uppsala University	乌普萨拉大学
表演艺术 Performing Arts	6	Royal College of Music in Stockholm	斯德哥尔摩皇家音乐学院
药学与药理学 Pharmacy & Pharmacology	10	Karolinska Institute	卡罗林斯卡学院
	23	Uppsala University	乌普萨拉大学
哲学 Philosophy	51 ~ 100	Stockholm University	斯德哥尔摩大学
物理与天文学 Physics & Astronomy	51 ~ 100	KTH Royal Institute of Technology	瑞典皇家理工学院
	101 ~ 150	Chalmers University of Technology	查尔姆斯理工大学
	101 ~ 150	Lund University	隆德大学
	101 ~ 150	Stockholm University	斯德哥尔摩大学
	101 ~ 150	Uppsala University	乌普萨拉大学
	301 ~ 350	Linköping University	林雪平大学
	351 ~ 400	University of Gothenburg	哥德堡大学
	451 ~ 500	Karolinska Institute	卡罗林斯卡学院

续表

小类学科	QS 世界排名	学校名称	中文译名
政治与国际研究 Politics & International Studies	51～100	Lund University	隆德大学
	51～100	Uppsala University	乌普萨拉大学
	101～150	University of Gothenburg	哥德堡大学
	151～200	Stockholm University	斯德哥尔摩大学
心理学 Psychology	101～150	Karolinska Institute	卡罗林斯卡学院
	151～200	Lund University	隆德大学
	151～200	Stockholm University	斯德哥尔摩大学
	151～200	Uppsala University	乌普萨拉大学
	201～250	Linköping University	林雪平大学
	201～250	University of Gothenburg	哥德堡大学
	251～300	Umea University	于默奥大学
社会政策与管理 Social Policy & Administration	46	Stockholm University	斯德哥尔摩大学
	51～100	Karolinska Institute	卡罗林斯卡学院
	51～100	University of Gothenburg	哥德堡大学
社会学 Sociology	49	Stockholm University	斯德哥尔摩大学
	51～100	Lund University	隆德大学
	51～100	University of Gothenburg	哥德堡大学
	51～100	Uppsala University	乌普萨拉大学
	151～200	Linköping University	林雪平大学
	251～300	Karolinska Institute	卡罗林斯卡学院
统计与运筹学 Statistics & Operational Research	51～100	KTH Royal Institute of Technology	瑞典皇家理工学院
	101～150	Lund University	隆德大学
	101～150	Stockholm University	斯德哥尔摩大学
	101～150	Uppsala University	乌普萨拉大学
	151～200	Chalmers University of Technology	查尔姆斯理工大学
神学与宗教研究 Theology, Divinity & Religious Studies	51～100	Lund University	隆德大学
	51～100	Uppsala University	乌普萨拉大学
兽医学 Veterinary Science	28	Swedish University of Agricultural Sciences	瑞典农业科学大学

（资料来源："*QS World University Rankings by Subject 2017*"，https：//www. topuniversities. com/subject－rankings/2017，2017 年 1 月 22 日）

三、上海交通大学世界大学排名榜（Academic Ranking of World Universities，ARWU）上的瑞典名校

序号	2016 年 ARWU 排名	学校名称	中文译名
1	48	Karolinska Institute	卡罗林斯卡学院
2	61	Uppsala University	乌普萨拉大学
3	101～150	Lund University	隆德大学
4	151～200	University of Gothenburg	哥德堡大学
5	201～300	KTH Royal Institute of Technology	瑞典皇家理工学院
6	201～300	Swedish University of Agricultural Sciences	瑞典农业科学大学
7	301～400	Linköping University	林雪平大学
8	301～400	Umea University	于默奥大学
9	401～500	Stockholm School of Economics	斯德哥尔摩经济学院

（资料来源：“*Academic Ranking of World Universities 2016*”，http：//www. shanghairanking. com/ARWU2016. html，2017 年 1 月 22 日）

四、上海交通大学世界大学学科领域排名榜（Academic Ranking of World Universities by Subjects，ARWUS）上的瑞典一流学科

（一）大类学科排名情况

大类学科	2016 年 ARWU 排名	学校名称	中文译名
自然科学与数学 Natural Sciences & Mathematics	101～150	Stockholm University	斯德哥尔摩大学
工程技术与计算机科学 Engineering Technology & Computer Sciences	101～150	KTH Royal Institute of Technology	瑞典皇家理工学院
	101～150	Uppsala University	乌普萨拉大学
	151～200	Lund University	隆德大学
生命与农业科学 Life & Agriculture Sciences	34	Karolinska Institute	卡罗林斯卡学院
	75～100	Lund University	隆德大学
	76～100	University of Gothenburg	哥德堡大学
	101～150	Stockholm University	斯德哥尔摩大学
	101～150	Swedish University of Agricultural Sciences	瑞典农业科学大学
	151～200	Uppsala University	乌普萨拉大学

续表

大类学科	2016 年 ARWU 排名	学校名称	中文译名
临床医学与药学 Clinical Medicine & Pharmacy	12	Karolinska Institute	卡罗林斯卡学院
	50	University of Gothenburg	哥德堡大学
	101 ~ 150	Lund University	隆德大学
	151 ~ 200	Umea University	于默奥大学
社会科学 Social Sciences	51 ~ 75	Lund University	隆德大学
	51 ~ 75	Uppsala University	乌普萨拉大学
	101 ~ 150	Stockholm University	斯德哥尔摩大学
	101 ~ 150	University of Gothenburg	哥德堡大学

（资料来源：“*ARWU – FIELD2016*”，http：//www. shanghairanking. com，2017 年 1 月 22 日）

（二）小类学科排名情况

小类学科	2015 年 ARWU 排名	学校名称	中文译名
数学 Mathematics	151 ~ 200	Chalmers University of Technology	查尔姆斯理工大学
物理 Physics	76 ~ 100	Uppsala University	乌普萨拉大学
	101 ~ 150	Lund University	隆德大学
	151 ~ 200	KTH Royal Institute of Technology	瑞典皇家理工学院
	151 ~ 200	Stockholm University	斯德哥尔摩大学
化学 Chemistry	51 ~ 75	Stockholm University	斯德哥尔摩大学
	101 ~ 150	Lund University	隆德大学
	101 ~ 150	Uppsala University	乌普萨拉大学
计算机科学 Computer Science	101 ~ 150	KTH Royal Institute of Technology	瑞典皇家理工学院
经济/贸易 Economics/Business	101 ~ 150	Stockholm School of Economics	斯德哥尔摩经济学院
	151 ~ 200	Lund University	隆德大学
	151 ~ 200	Stockholm University	斯德哥尔摩大学
	151 ~ 200	University of Gothenburg	哥德堡大学

（资料来源：“*Subject Ranking 2015*”，http：//www. shanghairanking. com，2017 年 1 月 22 日）

五、泰晤士报世界大学排名榜（The World University Rankings）上的瑞典名校

序号	2016 年 THE 排名	学校名称	中文译名
1	28	Karolinska Institute	卡罗林斯卡学院
2	93	Uppsala University	乌普萨拉大学
3	=96	Lund University	隆德大学
4	=144	Stockholm University	斯德哥尔摩大学
5	159	KTH Royal Institute of Technology	瑞典皇家理工学院
6	=170	University of Gothenburg	哥德堡大学
7	251~300	Chalmers University of Technology	查尔姆斯理工大学
8	251~300	Swedish University of Agricultural Sciences	瑞典农业科学大学
9	251~300	Umeå University	于默奥大学
10	301~350	Linköping University	林雪平大学
11	351~400	Örebro University	厄勒布鲁大学

（资料来源："*World University Rankings 2016 – 2017*"，https：//www.timeshighereducation.com/world – university – rankings/2017/world – ranking#! /page/0/length/25/locations/SE/sort_ by/rank/sort_ order/asc/cols/stats，2017 年 1 月 22 日）

六、泰晤士报世界大学排名榜（The World University Rankings）上的瑞典一流学科

学科	2016 年 THE 排名	学校名称	中文译名
生物科学 Biological Sciences	28	Karolinska Institute	卡罗林斯卡学院
	93	Uppsala University	乌普萨拉大学
	=96	Lund University	隆德大学
	=144	Stockholm University	斯德哥尔摩大学
	159	KTH Royal Institute of Technology	瑞典皇家理工学院
	=170	University of Gothenburg	哥德堡大学
	251~300	Chalmers University of Technology	查尔姆斯理工大学
	251~300	Swedish University of Agricultural Sciences	瑞典农业科学大学
	301~350	Linköping University	林雪平大学

续表

学科	2016 年 THE 排名	学校名称	中文译名
心理学 Psychology	93	Uppsala University	乌普萨拉大学
	=170	University of Gothenburg	哥德堡大学
	251 ~ 300	Umeå University	于默奥大学
	351 ~ 400	Örebro University	厄勒布鲁大学
物理与天体学 Physics & Astronomy	93	Uppsala University	乌普萨拉大学
	=96	Lund University	隆德大学
	=144	Stockholm University	斯德哥尔摩大学
	251 ~ 300	Chalmers University of Technology	查尔姆斯理工大学
	251 ~ 300	Umeå University	于默奥大学
	301 ~ 350	Linköping University	林雪平大学
化学 Chemistry	93	Uppsala University	乌普萨拉大学
	=144	Stockholm University	斯德哥尔摩大学
	159	KTH Royal Institute of Technology	瑞典皇家理工学院
	251 ~ 300	Chalmers University of Technology	查尔姆斯理工大学
	251 ~ 300	Umeå University	于默奥大学
	301 ~ 350	Linköping University	林雪平大学
工程学 General Engineering	=96	Lund University	隆德大学
	159	KTH Royal Institute of Technology	瑞典皇家理工学院
	251 ~ 300	Chalmers University of Technology	查尔姆斯理工大学
	251 ~ 300	Swedish University of Agricultural Sciences	瑞典农业科学大学
	301 ~ 350	Linköping University	林雪平大学
地质、环境、地球与海洋科学 Geology, Environment, Earth & Marine Sciences	=144	Stockholm University	斯德哥尔摩大学
	=170	University of Gothenburg	哥德堡大学
	251 ~ 300	Chalmers University of Technology	查尔姆斯理工大学
	251 ~ 300	Swedish University of Agricultural Sciences	瑞典农业科学大学
地理学 Geography	93	Uppsala University	乌普萨拉大学
	=96	Lund University	隆德大学
	=144	Stockholm University	斯德哥尔摩大学
	=170	University of Gothenburg	哥德堡大学

（资料来源："*World University Rankings 2016 – 2017*"，https：//www.timeshighereducation.com/world – university – rankings/2017/world – ranking#！/page/0/length/25/locations/SE/sort_ by/rank/sort_ order/asc/cols/stats，2017 年 1 月 22 日）

附录三　瑞典《高等教育法》

首次发布日期：1992 年 12 月 17 日。此版本包含《高等教育法修订法案》（2013：1117）。[①]

第一章　初始条款

第一节

该法案包含对政府负责的高等教育机构相关条款。

因此，高等教育机构指大学和大学学院，除非另有所指。《高等教育管理条例》（2012：910）

第二节

作为主管部门，政府应建立高等教育机构，以提供：

1. 基于学术或艺术准则及实际经验的课程和专业项目；

2. 科学研究、艺术研究以及其他开拓工作。

---

① 瑞典高等教育委员会官方网站，https：//www. uhr. se/en/start/laws – and – regulations/Laws – and – regulations/The – Swedish – Higher – Education – Act/，该版本为笔者依据瑞典《高等教育法》英文版本所译，仅供学术研究所用，不作为法理依据。

高等教育机构的职责应包括第三潮流（Third Stream）活动，提供与之有关的信息，并确保从研究发现中获益。

除非另有所指，否则以下所指的研究也包含艺术研究。《高等教育管理条例》（2013：119）

第三节

高等教育机构应组织有序，确保科研、课程和专业紧密联系。

第三节第一条

在运行中，高等教育机构应维护学术声誉和科研诚信。《高等教育管理条例》（2000：1370）

第四节

高等教育机构在运营中应确保所授课程、专业及开展的科学研究保持较高的质量水平。

高等教育机构应高效利用现有资源，确保运营的高效。

质量保障是高等教育机构师生员工的共同职责。《高等教育管理条例》（2013：119）

第四节第一条

学生应有对高等教育机构的课程和专业施加影响的权利。

高等教育机构应充分发挥学生在课程和专业建设中的积极作用。《高等教育管理条例》（2000：260）

第五节

在运行中，高等教育机构应致力于促进可持续发展，以为当今和未来创造良好健康环境，促进经济和社会发展，维护社会公正。

促进男女平等应始终是高等教育机构运行中关注的重点。

此外，高等教育机构应促进学生对其他国家和国际社会的了解。

高等教育机构应积极促进并扩大招生规模。《高等教育管理条例》（2005：1208）

第五节第一条

已被《高等教育管理条例》（2010：701）废止。

第六节

下列原则适用于科学研究：

1. 研究课题可自由选择；
2. 研究方法可自由发展；
3. 研究结果可自由发表。

第七节

高等教育第一、第二和第三级应提供课程和专业。《高等教育管理条例》（2006：173）

第八节

第一级的课程和专业应基于在高中或与之相当的学习阶段所掌握的知识。不过，政府可以允许在美术、应用或表演艺术方面的课程和专业有例外。

第一级专业课程和专业应发展学生以下能力：

——独立分析、判断的能力；

——发现问题、独立解决问题的能力；

——在工作生活中应对变化的能力。

除了所学专业领域的知识和技能，学生还应发展以下能力：

——从学术角度收集信息和分析信息的能力；

——跟踪前沿知识的能力；

——与他人探讨知识的能力，包括与那些缺乏所在专业知识的人交流知识。《高等教育管理条例》（2009：1037）

第九节

第二级的课程和专业应基于学生在第一级或同等学力所学的专业知识。

第二级的课程和专业应包括与第一级课程和专业相关的专业知识、能力和技能，并且：

——继续发展学生综合和独立运用知识的能力；

——发展学生处理复杂现象、问题和情况的能力；

——发展学生从事需要高度自主性的专业活动的潜力或进行科研创新活动的能力。《高等教育管理条例》（2006：173）

第九节第一条

第三级的课程和专业应基于学生在第一和第二级或同等学力所学的知识。

除了第一、二级课程和专业所需的要求外，第三级课程和专业应发展学生独立进行科学研究的知识和技能。《高等教育管理条例》（2006：173）

第十节

已被《高等教育管理条例》（2012：910）废止。

第十节第一条

第一、第二和第三级教育应颁发相应的学位。政府应发布相应学位资格的适用规定。《高等教育管理条例》（2006：173）

第十一节

第三级学位资格可由高等教育机构授予。

然而，在下列条件下，大学没有资格授予第三级学位：

1. 学位授予权需要获准，而该高等教育机构没有这样的权限；

2. 第十四节第二段中提到的不授予学位颁发权的情况适用于该高等教育机构。

政府可以制定授予第三级学历颁发权限的相关规定。倘若制定了这样的规定，则学位授予审批权限由政府指定的机构执行。《高等教育管理条例》（2012：490）

第十一节第一条

已被《高等教育管理条例》（2009：764）废止。

第十二节

政府指定的机构决定以下学位授予权：

1. 不具有大学身份的高等教育机构的第三级学位；

2. 大学以及其他高等教育机构的第一和第二级学位。

由政府发布瑞典农业科学大学和瑞典国防大学所授学位的相关规定。《高等教育管理条例》（2012：490）

第十三节

学位颁发权仅授予：

1. 该专业符合本章规定的要求以及《高等教育管理条例》规定的特殊要求；

2. 颁发学位从国家层面来看符合公众利益。《高等教育管理条例》（2009：764）

第十四节

若大学或高等教育机构不符合以上第十三节第一条或第十一节第一段规定的学位授予权的相关要求，政府指定的机构则应限令高等教育机构在规定期限内进行整改。

若在规定期限之后，高等教育机构仍存在全部或大部分限期整改的问题，则政府指定的机构可决定不再授予该大学或高等教育机构因上述不足而影响的学位颁发权。

即使根据上节第二段所述不再享有颁发某个学位的权限，该大学或高等教育机构也可为在学位颁发权被吊销之前招收的学生颁发相关学位。然而，该条款仅适用于学生所学的专业、课程或第三级专业的其他组成部分能够导致学位授予权受到该决议影响的情况。《高等教育管理条例》（2012：490）

第十五节

政府指定的机构对第十四节第二段所述情况所做决议不适用于在此决议之前依照第十一节第一段获得学位授予权的高校。

依照上一段所做决议只适用于第十三节第一条专业要求符合的情况。《高等教育管理条例》（2009：764）

第十六节

若第十四节第二段所述问题涉及瑞典农业科学大学或瑞典国防大学的话，则由瑞典政府做出决议。在做此决议时，瑞典政府会从国家层面考虑将相关学位颁发权授予瑞典农业科学大学或瑞典国防大学是否符合公众利益。《高等教育管理条例》（2009：764）

第十七节

《高等教育法》附则中所列的高等教育机构可以与以下机构颁发联合学位：

1. 另一个高等教育机构；

2.《关于授予某些学位资格的法案》（1993：792）中所列具有学位授予权的独立课程提供机构；

3. 非个人存在的瑞典境外高等教育机构。

联合学位指的是由高等教育机构联合开设的课程和专业所颁发的学位。这些课程和专业必须是通过上述第一段所述的高等教育机构的教育合作而产生的。

政府发布关于联合学位的附加规定。《高等教育管理条例》（2009：695）

第十八节

第十七节所指的高等教育机构依据第十七节第二段开展教育合作，可将招生及课程与专业学分转换等行政任务授权给：

1. 另一个高等教育机构；

2.《关于授予某些学位资格的法案》（1993：792）中所列具有学位授予权的独立课程提供机构；

3. 非个人存在的瑞典境外高等教育机构。

所授权的行政事务仅指以下几个方面：

1. 被另一所高等教育机构所设专业录取的学生应被视为在这个高等教育机构攻读学位的学生；

2. 在另一所高等教育机构完成相关专业课程的学生应被给予相应学分，无须所在高等教育机构的额外考评。《高等教育管理条例》（2009：695）

第二章　公立高等教育机构的组织构成

第一节

公立高等教育机构的设立应由瑞典议会决定。

第二节

高等教育机构董事会负责监管高等教育机构的运营并确保其按规定履行职责。

第三节

校长对大学董事会直接负责，经任命负责管理高等教育机构的运营。

第四节

政府应任命高等教育机构董事会主席。校长应为学校董事会成员之一。高等教育机构董事会应有教师和学生代表。与任命高校董事会中的教师和学生代表相关的规定由《高等教育管理条例》确定。政府任命高等教育机构董事会的其他成员。

教职员工代表应有权出席并作为代表参加高等教育机构董事会会议。《高等教育管理条例》（2007：141）

第五节

除了董事会和校长人选外，除非另有规定，否则高等教育机构可以自行确定内部组织结构。当高等教育机构确定内部组织结构时，以下第六节和第七节条款适用。《高等教育管理条例》（2010：701）

第五节第一条

《高等教育管理条例》第五节采用新标题（2009：764）。

第六节

若决议需要评审以下内容，则决议应由具有研究或艺术研究能力的个人确定：

1. 组织机构、课程或专业的运行或质量；

2. 组织机构或研究质量。

若第一段所指的评审由一群个体实施，则他们中的大多数人员应具备研究或艺术能力。然而，如果有特别的理由，那么董事会可以做出不需要大多数人参与评审的决定。《高等教育管理条例》（2013：119）

第七节

若所做决议与学生的课程和专业有关，则学生有权作为代表出席该决议或准备会议。《高等教育管理条例》（2010：701）

第八节

政府或由政府指定的机构发布学生代表选举的相关规定。根据规定，政府可以将代表选举授权给特定个人或机构。《高等教育管理条例》（2010：701）

第九节

政府颁布特殊规定，规范瑞典农业科学大学和瑞典国防大学董事会人员构成以及瑞典国防大学的研究和专业董事会人员构成。《高等教育管理条例》（2010：701）

第三章　教授和其他教职员工

第一节

教职员工的职责包括教学任务或研究及行政任务。教师有责任促进自身专业领域的发展以及在对其教育活动有重要影响的更广泛社区内推广其专业知识。《高等教育管理条例》（2013：119）

第二节

高等教育机构应聘请教授和高级讲师进行教学和科研活动。

教授资格是教职中的最高职位资格。

政府颁布关于教授和高级讲师资格与评价标准的相关规定。《高等教育管理条例》（2010：701）

第三节

教授应得到持续聘用，以下段落所说的规定除外。

若任命涉及以下内容，则教授可以固定期限聘用：

1. 创造性或艺术类专题；

2. 在其他高等教育机构所担任的兼职职位（兼职教授）；

3. 作为访问讲师具备教授资格的职位（访问教授）。《高等教育管理条例》（2010：701）

第四节

已被《高等教育管理条例》（1997：797）废止。

第五节

已被《高等教育管理条例》（2010：701）废止。

第六节

除非政府颁布的规定中有所限定，否则每个高等教育机构都应自行决定教师级别，教授和高级讲师除外，高等教育机构应按照资格和评价标准任命教师。《高等教育管理条例》（1997：797）

第七节

若教师行为不会削弱公众对高等教育机构的信任，则高等教育机构教师可以承担与其教师职位相符、与学术专业领域相关的科学研究和开发工作或其他相关任务。这类活动应与其职位相关的任务区别开来。

与这类活动相关的其他问题受《公共就业法案》（1994：260）中的条款约束。《高等教育管理条例》（1997：797）

第八节

政府或政府指定的机构可以规定高等教育机构的教职是与具有专业培训背景的医生或牙医职业相结合，还是与具有医疗培训和研究性质的卫生保健机构的医生职位相结合。联合职位只能由能够胜任两个职位的人员担任。

适用于教师职位的法规也适用于与教师职位相结合的职位。

在受雇于教师职位之前，若该职位与医疗保健机构相结合，则卫生保健的主管部门应能够指派代表。《高等教育管理条例》（1997：797）

第四章　学　生

第一节

依据第一章第四节第一段规定的质量要求，高等教育机构应招收符合入学条件的学生。

第二节

除政府或政府指定机构发布的另行规定外，开设课程或专业的高等教育机构应自行决定其入学条件。《高等教育管理条例》（2012：910）

第三节

若高等教育机构没有足够的学生席位接收所有合格的申请者，则应进行选拔。政府或政府指定的机构可以对遴选做出相应规定。《高等教育管理条例》（1996：555）

第四节

以下公民享有免费受教育的权力：

1. 包含在《欧洲经济区协定》里的国家公民；

2. 瑞士公民。

若遇到下列情况，则以上第一段不适用于使学生能够参与高等教育机构与瑞典以外高等教育机构所签教育合作框架协议中的第一或第二级付费课程或专业：

1. 费用不付给高等教育机构；

2. 费用不付给高等教育机构安排的课程。

对于来自上述第一段所指国家以外公民所应支付的研修第一和第二级课程及专业学费，由政府或政府指定的机构颁发相关法规。《高等教育管理条例》(2014：1579)

第四节第一条

政府颁布法律禁止高等教育机构录取应付费而没付费的学生。《高等教育管理条例》(2010：298)

第四节第二条

政府颁布法律暂停应付费而没付费学生的学业。《高等教育管理条例》(2010：298)

第五节

政府可以颁布关于暂停学生学习的相关法律。

第六节

除非另行规定，否则政府可以颁布法律开除以下学生：

1. 患有精神错乱疾病；

2. 酗酒或吸毒；

3. 犯有严重罪行。

开除学生的另一要求是在上述 1 ~ 3 所列情况下存在该学生会伤害其他人员或损坏贵重财产的明显风险。

第七节

对于开除学生的问题，高等教育机构相应董事会应进行听证。董事会主席应为律师或具有作为法官的经验。

就董事会所做开除学生的决议，学生及高等教育机构可以向一般行政法庭上诉。

上诉前需向行政上诉法庭提出上诉申请。

在被开除学生的要求下，与开除相关的决议应在两年后重审。《高等教育管理条例》（1996：555）

第八节

若某协会符合第九至第十四节所规定的条件，则高等教育机构应当根据申请给予该学生协会在一定期间作为学生会身份存在的资格。《高等教育管理条例》（2009：766）

第九节

学生会应当规定其目的是监控和参与高等教育机构课程和专业以及学习环境建设。《高等教育管理条例》（2009：766）

第十节

学生会的活动范围不应超过一个高等教育机构，而且应至少与高等教育机构的一个组织或地理部分相吻合。《高等教育管理条例》（2009：766）

第十一节

学生会应通过民主方式产生，并在学生会的活动范围内能够代表学生。《高等教育管理条例》（2009：766）

第十二节

在学生会活动范围内的所有学生，如果符合第八节规定的协会的成员资格，则有权成为学生会成员。《高等教育管理条例》（2009：766）

第十三节

第八条规定的协会应具有章程和董事会。章程应当被协会会员采纳。

章程应对以下方面做出规定：

1. 协会活动的目的和范围；

2. 最高决定机构的身份及其选举方式；

3. 由最高决定机构和董事会做出决定并予以公布的方式；

4. 协会的入会和退会的方式；

5. 董事会如何履行职责；

6. 如何更改章程；

7. 协会如何解散。

《高等教育管理条例》（2009：766）

第十四节

学生会应将其会员登记在册。

学生会应当向高等教育机构提交年度活动报告，并说明有多少学生是会员。

应高等教育机构要求，学生会应当向学校提供其会员登记簿。

《高等教育管理条例》（2009：766）

第十五节

乌普萨拉大学和隆德大学的“同乡兄弟会”享有社团地位。包括：

1. 根据2010年7月前生效的规定，要求学生加入的，并为学生提供学生福利的“同乡兄弟会”；

2. 其主要目的是支持学生对其归属并通过提供福利等活动促进学生研究的“同乡兄弟会”；

3. 通过提供学生福利活动支持学生的“同乡兄弟会”。

《高等教育管理条例》（2009：766）

第五章　特殊条款

第一节

特别上诉委员会应听取有关高等教育决议的上诉。

对上诉委员会的裁决不得上诉。

第二节

《高等教育管理条例》第二章第八节采用了新标题（2010：701）。

第三节

已被《高等教育管理条例》（1996：298）废止。

第四节

已被《高等教育管理条例》（2012：910）废止。

第五节

已被《高等教育管理条例》（2012：910）废止。

第六节

政府或政府指定的机构可发布与高等教育有关的额外规定。

第七节

已被《高等教育管理条例》（2010：701）废止。

附　则

本附则列出了根据第一章第十七节可授予联合学位的高等教育机构。

乌普萨拉大学

隆德大学

哥德堡大学

斯德哥尔摩大学

于默奥大学

林雪平大学

卡罗林斯卡学院（大学）

瑞典皇家理工学院（大学）

吕勒奥理工大学

卡尔斯塔德大学

瑞典林奈大学

厄勒布鲁大学

瑞典中部大学

瑞典农业科学大学

布莱金厄理工学院

瑞典国防大学

体育教育与运动大学学院

博尔艾大学

达拉那大学

耶夫勒大学

哈尔姆斯塔德大学

克里斯蒂安斯塔德大学

汇武德大学

西部大学

艺术、工艺和设计学院

瑞典皇家美术学院

斯德哥尔摩皇家音乐学院

马尔默大学

埃斯基尔斯蒂纳大学

斯德哥尔摩艺术大学

赛德尔特大学

《高等教育管理条例》(2013：1117)

过渡性条文

SFS 1995：96

本法自1995年4月1日起施行。在本法生效前，可以根据先前的规定对所做决议进行上诉。

SFS 1995：817

1. 本法自1995年7月1日起施行。

2. 除了瑞典农业科学大学，在本法生效之前或其生效时间不晚于1995年7月1日的有关政府对高等教育机构学位授予权的规定仍然有效，除非政府所指定的机构另有决定。

《高等教育管理条例》(2012：490)

SFS 1996：298

本法自1996年7月1日起施行。根据第五章第三节所述已撤销条文，1995年12月31日之后不得支付酬金。第五章第四节第二段中的新措辞适用于1995年12月31日之后支付的酬金。

SFS 1996：555

本法自1996年7月1日起施行。第四章第七节较早的措辞应适用于在本条文生效前董事会所做的决议。

SFS 1997：797

1. 本法中的第二章第四节自1998年1月1日起生效，第二章的其他条款自 1999 年 1 月 1 日起施行。

2. 1998 年 12 月底前未确定的第三级学位颁发资格申请应被视为依照第二章第五节新条款所提交的申请。

3. 第三章第五节中关于资格与评价标准的原有条款应适用于已启动但在 1999 年 1 月 1 日前未完成的高级讲师聘用。

SFS 1997：1330

原有条款应适用于 1999 年 1 月 1 日前以无固定期限形式聘用的教授。

SFS 2006：173

1. 本法自 2007 年 1 月 1 日起生效，但本法中的第一章第十二节、第二章第五节第一条和第七条，以及第四章第二节生效日期为 2007 年 7 月 1 日。

2. 第一章第七节至第九节第一条以及第十节第一条至第十一节第一条中的新条款适用于 2007 年 6 月底之后开设的课程与专业以及颁发的学位。

3. 政府可依据原有条款对课程与专业应完成的范围和所授学位制定规范。

4. 依据原有条款，政府或其他相关机构具有的学位颁发资格审批权限将继续适用。

SFS 2009：695

本法自 2010 年 1 月 1 日起生效，适用于 2010 年 6 月底之后开设的课程与专业。

SFS 2009：764

1. 本法自 2010 年 1 月 1 日起生效。

2. 政府可依据原有条款对课程与专业所应完成的范围和所授学

位制定规范。

SFS 2009：1037

本法自 2011 年 7 月 1 日起生效。原有条款仍适用于本法生效前开设的课程与专业。

SFS 2010：2002

本法自 2011 年 1 月 1 日起生效。

SFS 2012：490

本法自 2013 年 1 月 1 日起生效。

SFS 2012：910

该法附则自 2013 年 7 月 1 日起生效，其他条款自 2013 年 2 月 1 日起生效。

SFS 2013：119

该法自 2013 年 6 月 1 日起生效。

2013：1117

该法自 2014 年 1 月 1 日起生效。

2014：1579

该法自 2015 年 2 月 1 日起生效。

附录四　瑞典《高等教育管理条例》

首次发布日期：1993 年 2 月 4 日。该版本包含之后的修订文本以及瑞典《高等教育管理条例修订法案》（2014：1096）。[1]

第一章　总　则

高等教育机构对政府负责。

第一节

根据《高等教育法》（1992：1434），该条例中包含对政府负责的高等教育机构相关条例。这些高等教育机构列于本条例附件 1 中。

适用于瑞典农业科学大学和瑞典国防大学的特殊条例分别参见《管理条例》（1993：221）和《管理条例》（2007：1164）。《高等教育管理条例》（2010：1064）

① 瑞典高等教育委员会官方网站，https：//www. uhr. se/en/start/laws – and – regulations/Laws – and – regulations/The – Higher – Education – Ordinance/，该版本为笔者依据瑞典《高等教育管理条例》英文版本所译，仅供学术研究所用，不作为法理依据。

定　义

第二节

若无另外规定，则高等教育机构是指大学和大学学院。

第三节

已被《高等教育管理条例》（2010：1064）废除。

第四节

在本条例中，若无特别说明，则“学生”是指经高等教育机构录取并接受高等教育的人员，“第三级学生”是指已被录用并从事第三级研究的人员。《高等教育管理条例》（2006：1053）

豁免于《政府部门及机构管理条例》的管辖

第五节

以下规定的政府部门和机构条例（2007：515）不适用于高等教育机构：

第二节关于政府部门和机构的管理；

第四节关于高级职员的责任；

第五节关于授权；

第九至十八节关于部门领导为司级职位、设有董事会的政府部门以及关于法庭的条款，以及第二十二至二十四节关于雇用与职责方面的条款。

在运用《政府部门和机构管理条例》时，“机构的负责人”应是指“校长”。《高等教育管理条例》（2010：1064）

内部审计

第五节第一条

乌普萨拉大学、隆德大学、斯德哥尔摩大学、哥德堡大学、于默奥大学、林雪平大学、卡罗林斯卡学院、瑞典皇家理工学院、吕勒奥理工大学、卡尔斯塔得大学、林奈大学、厄勒布鲁大学、瑞典中部大学和马尔默大学应遵循《内部审计管理条例》（2006：1228）。《高等教育管理条例》（2013：1175）

第六节

已被《高等教育管理条例》（2010：1064）废止。

学生代表

第七节

《学生会管理条例》（2009：769）中包含有关学生代表选举的规定。《高等教育管理条例》（2009：770）

关于在政府董事会、委员会、理事会等部门任职的薪酬管理规定（1992：1299）适用于高等教育机构董事会中的学生代表。《高等教育管理条例》（2010：1064）

第七节第一条

已被《高等教育管理条例》（2010：1064）废止。

第七节第二条

已被《高等教育管理条例》（2010：1064）废止。

第八节

已被《高等教育管理条例》（2010：1064）废止。

第九节

已被《高等教育管理条例》（2010：1064）废止。

第十节

已被《高等教育管理条例》（2010：544）废止。

卫生保健、学生社会福利与学习环境

第十一节

高等教育机构应负责为学生提供保健服务，特别是旨在促进学生身心健康的预防保健服务。高等教育机构也应负责学生的其他福利活动，以支持学生的学习或促进他们过渡到劳动力市场，并为学生提供良好的学习环境。《高等教育管理条例》（2009：770）

保　险

第十一节第一条

高等教育机构负责为学生购买保险，确保学生免受人身伤害。所购买的保险险种应涵盖意外事故险或在第五节中《关于工伤保险条例》（1977：284）以及《人身伤害保险条例》（1977：284）中所提到的险种，享受保险赔偿的前提是学生所受伤害与瑞典高等教育相关。保险不得授予学生根据法律或集体协议获得任何利益的权利。

保险协议应由瑞典高等教育委员会作为高等教育机构代表与瑞

典法律、财务和行政服务局签订。保险协议及其任何修改均须经政府批准。《高等教育管理条例》(2013：32)

第十一节第二条

高等教育机构可以与瑞典法律、财务和行政服务局签订协议，为学生在与瑞典境外高等教育课程和专业项目学习有关的人身伤害提供保险。然而，这种保险应只适用于在与瑞典高等教育机构有校际合作关系的另一个国家的高等教育机构学习期间发生的伤害。这类保险应包括第十一节第一条中所述的相同类型的险种。

高等教育机构可以与瑞典法律、财务和行政服务局签订协议，《关于高等教育机构收取申请费和学费管理条例》第五节(2010：543)规定，高等教育机构应为付费学生提供健康和牙科医疗保险以及在瑞典境内闲暇时间发生的意外事故险。根据《外国人管理条例》第四章第五节关于为留学生办理居住证的相关要求，高等教育机构为留学生购买的保险应包含综合医疗保险。《高等教育管理条例》(2010：1064)

第十一节第三条

高等教育机构应与瑞典法律、财务和行政服务局签订协议，为有资助津贴的博士生购买保险。保险应涵盖因疾病或产假而导致津贴停发的时间段。如果博士生通过其他保险政策获得补贴，则本保险不再向博士生发放补贴。《高等教育管理条例》(2013：525)

为瑞典高等教育署提供信息

第十二节

高等教育机构应向瑞典高等教育署提供其所需的有关高等教育

机构运营方面的信息。《高等教育管理条例》（2012：712）

教学场所的使用权限

第十三节

高等教育机构应允许通过民主方式成立的学生协会使用其教学场所，用于向其成员发布信息、讨论问题或举办类似的活动及艺术表演。受该学生协会邀请的人员可以准予进入开会场所。

若有理由表明学生聚会期间会严重扰乱公共秩序或从事非法活动，则上述条款不适用。倘若学生协会对教学场所的使用与高等教育机构的正常活动或与高等教育机构对第三方的责任相悖，则上述第一段条款不适用。《高等教育管理条例》（1998：1003）

课程评估

第十四节

高等教育机构应当让参加或者完成课程的学生通过高等教育机构举办的课程评估，表达对课程的体验与看法。

高等教育机构应整理课程评估反馈意见，并提供有关评估结果和与课程评估相关的全部行动措施的信息。评估结果应向学生开放。《高等教育管理条例》（2000：651）

第十五节

已被《高等教育管理条例》（2010：1064）废止。

对涉嫌不当行为的调查

第十六节

高等教育机构接收到或知晓关于研究、艺术研究或开创工作中的涉嫌不当行为举报或情况，应当对其开展调查。

在调查期间，高等教育机构可以要求中央伦理审查委员会专家组对科研不端行为做出评价。

如果有人指出涉嫌不当行为的控告或指控嫌疑对象，则高等教育机构应征询中央伦理审查委员会专家组的意见。然而，倘若高等教育机构认为明显不需要外部专家意见，则无须进行意见征询。《高等教育管理条例》（2014：1012）

第二章　关于董事会、校长和其他组织的规定

董事会章程

第一节

高等教育机构董事会应由主席和其他14名成员组成。《高等教育法》第二章第四节（1992：1434）规定，校长是董事会的一员。

董事会应推选一名成员担任董事会副主席。《高等教育管理条例》（2012：584）

董事会职责

第二节

董事会的责任和职责在《政府部门和机构管理条例》（2007：515）第三节及《年度报告和预算文件管理条例》（2000：605）第二章第八节中有明确说明。除此以外，董事会自行决定以下事务：

1. 关于高等教育机构整体运营重点和组织的重要问题；

2. 关于年度报告、中期报告、预算记录和重要报告，以及其他确保高等教育机构有运行良好的内部管理和审计机制等事项；

3. 针对审计报告和瑞典国家审计署出具的审计备忘录所采取的相应措施；

4. 根据《内部审计条例》第十节关于内部审计准则和流程以及对审计过程所提出的意见和建议（2006：1228）；

5. 关于内部分配和资源监控的重要问题；

6. 根据第十五节由员工纪律委员会决定的问题，以及高等教育机构没有员工纪律委员会或者依据第四章第十六节不需要政府高级官员纪律委员会做决议的事项；

7. 第六章第三节第二段规定的录取流程；

8. 关于高等教育机构整体组织的重要规章、决议授权、其他事项的管理和操作程序，法律和法规另有规定的除外；

9. 关于任免流程；

10. 其他重要管理规定；

11. 其他重要的问题。

第二章第八、第九和第十五节规定，高等教育机构的董事会还应对校长进行提名，任命副校长，并决定是否建立员工纪律委员会。

《高等教育管理条例》（2010：1064）。

第三节

校长须决定除第二节所指以外的事项，除非：

1. 立法或条例另有规定；

2. 董事会另有决定。

但是，如果本条例或其他地方规定了属于校长在职内的责任，则不在董事会职责之列。《高等教育管理条例》（1998：1003）

董事会议事规则

第四节

当半数以上的成员，包括董事会主席和副校长出席会议时，即达到法定人数。《高等教育管理条例》（1997：1123）

第四节第一条

经与校长协商，董事会可将临时报告的决议委托于董事会主席。《高等教育管理条例》（2002：558）。

第五节

如果遇到紧急事项来不及召开董事会议讨论，则经董事会主席、校长以及董事会所要求的最少法定人数之间沟通来做出决议。如程序不适当，则董事会主席可在与校长协商后单独决定。

根据第一段所述，在下次董事会会议上要对所做决议进行通报。《高等教育管理条例》（1997：1123）

第六节

在陈述完问题后，应做出相应决议。《高等教育管理条例》

(1998：1003)

董事会成员的任命

第七节

除校长以外的董事会成员任期不得超过三年。若校长当选为董事会主席，则任期也为三年。《高等教育管理条例》(2007：151)

第七节第一条

教师代表有权成为董事会的成员，人数最多为三人。教师代表由高等教育机构选举产生。高等教育机构可以对选举程序制定更具体的规定。

学生代表在董事会成员中的人数不得超过三人。

根据《高等教育法》第二章第四节（1992：1434），董事会主席和其他成员须由政府任命，按照第七节第二条规定提名后任命。提名应先通过高等教育机构内外部沟通，提名人员应包括具有丰富经验和较强能力的人员，其对高等教育机构的教学、科研和创新活动都发挥重要作用。

根据《高等教育法》第二章第四节（1992：1434），职工代表有权出席董事会会议，其任命应按照《职工代表条例》(1987：1101)执行。《高等教育管理条例》(2012：584)

第七节第二条

由政府委任的董事会主席及成员的提名须由提名委员会提交，提名委员会包含：

1. 由政府任命的个人；
2. 高等教育机构所在区域的行政长官或代理行政长官；

3. 高等教育机构的学生代表。

政府任命的个人应十分熟悉高等教育机构的活动。

由政府任命的人员和学生代表的任期不超过三年。这些人员的委任期限不得与董事会任职期限相同。关于学生代表的任命流程可参见《学生会管理条例》(2009：769)

根据上述第一段，董事会主席及成员提名人选不得包括提交该提名建议的提名小组成员中的个人。《高等教育管理条例》(2012：584)

校　长

第八节

校长由高等教育机构董事会提名，由政府任命，任期为六年。任期可以延长，但不得超过两次，每次最多延期三年。

在董事会提交提名建议之前，董事会应按照董事会确定的方式向教师、其他雇员和学生征询意见。

在校长提名过程中，董事会应从男女候选人平等的角度进行考虑。董事会应向政府说明提名中已将性别平等纳入考虑范围。《高等教育管理条例》(2002：558)

第九节

已被《高等教育管理条例》(1994：1101) 废止。

第十节

校长不在岗位期间由代理校长行使其职权。代理校长应在校长所授权的范围内履职。

副校长由董事会任命。《高等教育管理条例》(2010：1064)

第十一节

教授或高级讲师应有资格成为校长或代理校长。《高等教育管理条例》（2010：1064）

第十二节

已被《高等教育管理条例》（2004：289）废止。

第十三节

若无特别规定，则校长可以将其职责授权给他人。

学生代表

第十四节

《高等教育法》（1992：1434）第二章第七节包含关于学生有权利出席发布决议或预决议会议的条款。

若决议或预决议由个人确定，则在决议或预决议确定之前应给学生代表充分的时间了解相关信息并进行讨论。

根据《高等教育法》第二章第六节第二段，若决议由集体确定，则出席的学生代表至少应为三人。然而，若决策总人数有限制，则学生代表可以少于三人。

在其他方面，高等教育机构自行决定学生是否享有上述第一段所规定的代表权。《高等教育管理条例》（2010：1064）

员工纪律委员会

第十五节

董事会可设立职工纪律委员会，其职责参见《政府部门和机构管理条例》（2007：515）。校长应为职工纪律委员会的主席。职工纪律委员会应包含员工代表，以及由董事会委任的另外三名成员。《高等教育管理条例》（2010：1064）

职工代表的任命应根据《职工代表条例》（1987：1101）进行。《高等教育管理条例》（2010：1064）

高校图书馆

第十六节

高等教育图书馆应当将自己的馆藏图书无偿提供给其他高等教育图书馆使用。《高等教育管理条例》（2010：1064）

第三章

已被《高等教育管理条例》（2010：1064）废止。

第四章　教　师

总　则

聘　用

第一节

教师受聘于高等教育机构。《高等教育管理条例》（2010：1064）

联合聘用

第二节

高等教育机构经卫生保健主管部门同意，按照《高等教育法》（1992：1434）第三章第八节的规定，可做出教授或高级讲师的岗位由医学领域内的医疗培训和研究指定卫生保健机构联合聘用的决定。在该机构所从事的培训和研究领域应涵盖牙医学。《高等教育管理条例》（2010：1064）

任职资格与考核标准

教　授

第三节

具有研究和教学专长的人，美术、应用与表演艺术学科除外，应具备受聘为教授的资格。具有艺术和教学专长的人，应具备受聘为美术、应用与表演艺术学科领域教授的资格。

教授的聘任应以就业资格所需的专业知识程度为标准。在考评中，应给予教学专业技能、研究能力或艺术专长同等地位。每个高等教育机构可自行决定本校任命教授的评审标准。《高等教育管理条例》（2010：1064）

高级讲师

第四节

有资格担任高级讲师的人员应具备以下条件：

1. 具有丰富的教学经验，获得博士学位或具有相应的研究能力，拥有其他对岗位有价值的专业知识和技能，美术、应用与表演艺术学科除外；

2. 在美术、应用与表演艺术学科，具有丰富的教学经验并获得美术、应用与表演艺术博士学位，拥有艺术专长或其他对岗位有价值的专业知识和技能。

高级讲师的聘任应以任职资格所需的专业知识程度为标准。在考评中，应给予教学专业技能、研究能力或艺术专长同等地位。每个高等教育机构可自行决定本校任命高级讲师的评审标准。《高等教育管理条例》（2010：1064）

任命程序

候选人性别平等

第五节

对有资格担任教职的人选进行提名时，男女人选比例应相同。然而，若有额外因素导致男女比例不平衡，则该条款不适用。《高等教育管理条例》（2010：1064）

评　判

第六节

教授（包括兼职教授）的任职资格应接受相应评价，除非明显不需要这么做。

若两人或两人以上具备任命资格，则候选人男女比例应保持平衡。然而，若有额外因素导致男女比例不平衡，则该条款不适用。《高等教育管理条例》（2010：1064）

提　名

第七节

若被提名人员对高校的特定活动具有突出贡献，则高等教育机构可以对教授人选进行提名。提名的具体原因必须记录在案。

只有符合第三节规定任职资格的人员才可获委任。

提名决议须由校长确定，其他人员不能代行。

当委任人员为提名候选人时，不需提交《聘用管理条例》（1994：373）第六节第一段所规定的信息。第六节的有关评估意见规定同样适用。《高等教育管理条例》（2010：1064）

权威卫生保健机构的意见

第八节

在教师受聘于第二节提到的联合雇用职位时，高等教育机构应让权威卫生保健机构派代表出席该事宜的讨论会。

固定期限聘用

第九节

当该职位为非教授职位（含兼职教授和访问教授），或者依据第十二节第二条没有特别说明时，根据《就业保护法》（1982：80），教师职位应以固定期限形式聘用。此外，第十节至第十二节第一条的条款适用于固定期限的职位聘用。《高等教育管理条例》（2012：523）

艺术领域的教师

第十节

美术、应用与表演艺术领域的教师可以以非固定期限形式聘用，不过期限不得超过5年。聘期可以延长，但总聘期不得超过10年。在其他方面，该教职应遵循《就业保护法》（1982：80）的相关规定。《高等教育管理条例》（2010：1064）

兼职教授

第十一节

兼职教授可以以非固定期限形式聘用，直到聘期到期为止。聘期可延长，但最长不得超过12年。在其他方面，该教职应遵循《就业保护法》（1982：80）的相关规定。《高等教育管理条例》（2010：1064）

访问教授

第十二节

访问教授可以以非固定期限形式聘用，直到聘期到期为止。聘期可延长，但最长不得超过5年。在其他方面，该教职应遵循《就业保护法》（1982：80）的相关规定。《高等教育管理条例》（2010：1064）

职业发展职位

第十二节第一条

教师可以以非固定期限形式聘用，但最长不得超过4年，以便其能够发展自身的研究自主能力，获得更高级别教职所需的专业资格。若遇疾病、产假或因为其他满足聘任的特殊理由，则聘期可以延长。总聘期不得超过6年。在其他方面，该教职应遵循《就业保护法》（1982：80）的相关规定。《高等教育管理条例》（2010：1064）

上述第一段内容可以对由中央雇员组织缔结或批准的集体协议做出例外。

根据上述第一段规定，只有获得博士学位者或者具有同等学力的人员才能受聘为职业发展职位。在申请期满前不超过10年的，应当优先录用博士学位获得者或具有同等学力的人员。《高等教育管理条例》（2012：523）

第十二节第二条

若根据第十二节第一条，教师以固定期限形式受聘于高校，则按照《就业保护法》（1982：80）第五节的相关规定，6个月内双方不得解除劳动关系。

上述第一段内容可以对由中央雇员组织缔结或批准的集体协议例外。《高等教育管理条例》（2012：523）

聘用决议

第十三节

教授聘用决议由校长确定。聘用教授的决议权不得由其他人代行。《高等教育管理条例》（2010：1064）

第二职业

第十四节

高等教育机构应为教师提供与《高等教育法》（1992：1434）第三章第七节相悖的第二职业信息或第二职业类型。高等教育机构应为教师提供相关意见，帮助其评估某些第二职业形式是否符合相关规定。若教师有需求，则高等教育机构应对就业性质出具书面意见。

《公共就业法》（1994：260）第七节规定，高等教育应为其员工提供相关信息，使其了解可能会导致与《公共就业法》（1992：1434）第三章第七节相悖的第二职业情况。《高等教育管理条例》（2010：1064）

第十五节

教师有责任将其从事的或与其专业领域相关的第二职业信息告知高等教育机构。高等教育机构应将相关信息记录在案。这些记录信息应被妥善保存，用来持续监控教师第二职业的情况。

聘用终止

第十六节

根据《公共就业法》（1994：260）第三十四节以及《雇用信访法案》（1994：261）第十五节，有关教授职位的问题应由政府高级官员纪律委员会予以审核。《高等教育管理条例》（2010：1064）

第五章　有关博士的录用等问题

博士录用

总　则

第一节

高等教育机构可以设立第三级学生职位，以资助学生完成三级学位的研习。

职　责

第二节

博士生应主要致力于自己的研究。

然而，博士生可以承担一定量的教学任务、研究工作、艺术研究以及行政管理工作。在获得博士学位或美术、应用与表演艺术博士学位之前，这类职责占用的时间应不超过博士生全部学时的20%。《高等教育管理条例》(2014：1012)

录　用

第三节

只有那些被录用或已经被高等教育机构第三级课程和专业录用的人员才能被录用为博士生。《高等教育管理条例》(2006：1053)

第三节第一条

博士生应为全职岗位。若学生要求，则该岗位可以为兼职，但在职时间不得低于50%。《高等教育管理条例》(2002：139)

第四节

有博士补助金的学生经申请应在根据个人学习计划不晚于获得博士学位或美术、应用与表演艺术博士学位前3年的时间被录用至博士生职位。然而，若校长决定根据《高等教育管理条例》第六章第三十节撤销学生资源或依据《博士补助金管理条例》(1995：938)第十四节取消博士补助，则该条款不适用。《高等教育管理条例》(2013：525)

第五节

不是根据第四节所述条件录用的博士生职位，应将学生从第三级课程和专业中提升能力水平考虑其中。此外，第二和第三段所述条款应适用。

若博士生职位的聘用与专业项目的招生相关，则第七章第四十一节第二段和第三段关于评估标准确定和禁止优惠待遇的条款应适用。

高等教育机构应以广告或其他类似方式发布空缺职位信息，以使对空缺职位感兴趣的人员在规定期限内向高等教育机构提交申请。然而，根据第七章第三十七节，若博士生职位与专业项目招生相关，则博士生职位信息的发布应与专业项目录取信息的发布同步。《高等教育管理条例》（2006：1053）

第六节

博士生职位的录用应由校长决定。《高等教育管理条例》（1998：80）

聘用期限

第七节

博士生职位应以非固定期限形式聘用，不超过指定日期，在获得博士学位或美术、应用与表演艺术博士学位后所延长的聘期不得超过1年。

初次聘期不超过1年，之后一次续聘期不超过2年。

博士生职位聘期最长为8年。然而，总聘期不得超过四年全日制三级教育时长。对于颁发硕士上学位或美术、应用与表演艺术硕士上学位的课程或专业，学生职位聘期不超过两年制三级教育时长。没有受聘于博士生职位的三级教育学习时长应相应被扣除。

在特殊情况下，上述第三段规定的总聘期时长可以延长。该种情况包括病假、服军役时间、在工会或学生组织担任选举职位的时间以及产假。《高等教育管理条例》（2009：933）

助理、助教和临床助理

总　则

第八节

高等教育机构可以聘请助理、助教和临床助理。《高等教育管理条例》(1998：80)

职　责

第九节

助理职位人数不得超过全职职位人数的百分之四十，助教职位人数不得超过全职职位人数的百分之五十。他们的职责包括教育任务、管理或参与研究及艺术研究。

临床助理应从事与临床培训和研究相关的工作。《高等教育管理条例》(2014：1012)

聘　期

第十节

只有获得博士学位的人员才可以被聘为助理。

只有被第一或第二级课程和专业录用的人员才可以被聘为助教。

只有已获得医学硕士或牙医学硕士学位的人员或被医学/牙医学第三级教育录取的学生才能被受聘为临床助理。《高等教育管理条例》（2009：933）

第十一节

助理、助教及临床助理的聘用应由校长决定。《高等教育管理条例》（1998：80）

聘　期

第十二节

助理、助教和临床助理应以非固定期限形式聘用，最长不得超过1年。聘期可以延长。然而，助教或临床助理的总聘期不得超过3年。《高等教育管理条例》（1998：80）

第六章　课程与专业

课程与专业规定

总　则

第一节

本章包括第一、第二和第三级课程和专业的规定。《高等教育管理条例》（2006：1053）

课程与专业范围

第二节

课程或专业范围应以学分数为指针，正常学年的全日制学习时长为40个星期，相当于60个学分。《高等教育管理条例》（2006：1053）

学习指导与信息

第三节

学生应享有学习和就业指导服务。高等教育机构应确保有意向选修相关课程和专业的学生能够获得所需的相关信息。

高等教育机构也应当确定相应的招生制度。招生制度应包括适用于高等教育机构的申请、入学要求、选拔和录取规定，以及决议方式和申诉处理流程等。《高等教育管理条例》（2010：1064）

学位资格

第四节

课程和专业项目所能授予的学位资格请参见本管理条例附件2（《学位资格管理条例》）。《高等教育管理条例》（2006：1053）

第五节

《学位资格管理条例》规定了每个教育级别所授予的学位以及获得相应学位所应达到的要求。（学位资格指标）

除了关于中/高等教育文学/理学硕士资格指标的限定外，附件4规定了可以颁发联合学位资格的学科。《高等教育管理条例》（2010：544）

学位颁发权限

第五节第一条

《高等教育法》（1992：1434）第一章第十一节至第十三节包含学位颁发权限的条款。《高等教育管理条例》（2009：933）

第五节第二条

根据第五节第三条，高等教育机构有权在已获得第三级教育学位颁发权的专业领域授予硕士学位。若高等教育机构开设的课程和专业与某领域第三级课程和专业密切相关，则高等教育机构即使在该专业领域没有第三级学位授予权，也可获得该领域的硕士学位颁发权。《高等教育管理条例》（2009：933）

第五节第三条

若高等教育机构能够保证三级课程和专业拥有较高的学术水平和良好的教育环境，则该高等教育机构可获得一般第三级学位授予权。相同的要求适用于《高等教育法》（1992：1434）第一章第十五节所做决议。《高等教育管理条例》（2009：933）

第五节第四条

若高等教育机构能够保证美术、应用与表演艺术三级课程和专业拥有较高的学术水平和良好的教育环境，则该高等教育机构可获得美术、应用与表演艺术第三级学位授予权。《高等教育管理条例》（2009：933）

第五节第五条

遇到下列情况时，高等教育机构可以获得中/高等特定专业文学/理学硕士学位颁发权：

1. 高等教育机构自行或依据第三节联合开设的课程和专业符合颁发中高等文学/理学硕士学位的条件；

2. 高等教育机构的课程和专业在所设的至少一个专业中包含所授学位的相关专业；

3. 所设专业领域中的课程和专业中/高等文学/理学硕士学位授予权已被其他高等教育机构或外国高等教育机构获得。《高等教育管理条例》（2011：687）

第五节第六条

根据《中/高等教育文学/理学硕士学位辅修教育专业管理条例》（2011：866），高等教育机构可获得学生所完成的特定专业中/高等文学/理学硕士学位颁发权，倘若该高等教育机构：

1. 将为符合本条例所说的中/高等文学/理学硕士学位要求的学生颁发类似学位；

2. 根据本条例第五节第五条有关内容颁发相同专业领域的中/高等文学/理学硕士学位。《高等教育管理条例》（2011：687）

学分转换

第六节

学生若在瑞典一所高等教育机构圆满修完相关课程或专业，则有权将在该校获得的学分转换到另一所高校。不过，若两所高校所设课程和专业差异巨大，则该条款不适用。

该条款适用于学生在以下高校圆满修完课程或专业：

1. 在丹麦、芬兰、冰岛、挪威或 1997 年 4 月 11 日签订的关于欧洲高等教育学位资格认可的《欧盟公约》成员国。（瑞典条约系列，2001：46）

2. 北欧公共健康学院。《高等教育管理条例》（2006：1053）

第七节

若学生获得的知识和技能符合所认可的学分的课程或专业要求，则学生有权依照第六节所述条款将课程或专业所修学分进行转换。学生在职业或专业机构获得的相应知识和技能也可以转换成学分。《高等教育管理条例》（2006：1053）

第八节

高等教育机构应对学生所修课程、专业或职业经验能否获得相应学分做出评估。

学分只能授予学生，除非法律或条例另有规定。《高等教育管理条例》（2010：1064）

证　书

第九节

应给符合学位要求的学生颁发相应证书。《高等教育管理条例》（2006：1053）

高等教育机构证书应标明：

1. 学位名称；

2. 所授学位等级；

3. 该学位是否是《高等教育法》（1992：1434）第一章第十七

节规定的联合学位的一部分；

4. 学位资格要求的已修第一、二级课程；

5. 在何所高校习得第四条所列课程或者相对应的第三级课程和专业。

学位名称的一种或多种语言译文可包含在证书中。《高等教育管理条例》（2011：687）

第十节第一条

除了学位证书，还应有如下材料：

1. 文凭补充说明，描述所学专业及其在教育体系中所处位置；

2. 职业教育的大学文凭补充说明中应列出资格和相关职业技能，这也是《职业教育大学文凭专业入学条例》（2010：2021）以及与之相关的规定中所列特殊入学要求的组成部分。

瑞典高等教育委员会可依据上述第一条制定更为详细的文凭补充说明。《高等教育管理条例》（2012：712）

第十一节

若学生所学专业在多个高等教育机构教授，则学生获得的学位证书应由最终的毕业学校颁发。该条款不适用于相关高等教育机构之间达成的其他协议或根据《高等教育法》（1992：1434）第一章第十七节规定应联合授予的学位。《高等教育管理条例》（2009：1068）

联合学位

第十一节第一条

根据《高等教育法》第一章第十七节第二段，高等教育机构只有签订协议后才可开展教育合作。该种教育合作协议只有《高等教育法》附件中所列的高等教育机构以及下列高等教育机构可以参与：

1. 受《高等教育法》约束的另一所高等教育机构；

2.《特定学位资格颁发权法案》（1993：792）中有资格颁发学位的独立课程提供机构；

3. 非个人存在的瑞典境外高等教育机构。《高等教育管理条例》（2009：1068）

第十一节第二条

第十一节第一条所指的高等教育机构可与同段落提及的高等教育机构签署协议，前提是相关高等教育机构满足第二和第三段规定的条件。

在协议中高等教育机构应确保：

1. 专业的每一部分内容应由教育合作另一方的高等教育机构安排；

2. 由合作的另一方而不是该高等教育机构本身安排的专业内容也应遵循学术或艺术原则以及实践经验，双方应确保项目有效运行，能够保持较高的质量水平。

协议应明确指明：

1. 高等教育机构应负责组织项目的哪一部分内容；

2. 合作另一方高等教育机构应该负责组织项目的哪一部分内容；

3. 项目申请者应被合作的哪一方高等教育机构录取；

4. 高等教育机构只能录取学生参与其所负责的项目内容；

5. 被项目另一方高等教育机构录取的学生应被视为第十一节第三条所说的学生；

6. 在合作高等教育机构圆满完成相应专业内容的学生可将学分转换到项目所属的高等教育机构，且无须特别审核；

7. 每所高等教育机构的专业能获得何种学位资格；

8.《高等教育管理条例》（2009：1068）规定的有关项目专业组织的其他要求。

第十一节第三条

根据第十一节第一条，被另一所高等教育机构专业的某项目录取的学生应被视为根据项目协议在该高等教育机构项目框架下学习的学生。该条款只适用于以下条件：

1. 另一所组织项目某部分的高等教育机构已录取该学生；

2. 即使协议中没有明确规定，学生也应被项目所属的高等教育机构录取。《高等教育管理条例》（2009：1068）

第十一节第四条

依照第十一节第一条，在合作高等教育机构圆满完成相应专业内容的学生可将学分转换到项目所属的高等教育机构，无须特别审核。《高等教育管理条例》（2009：1068）

第十一节第五条

第十一节第一条所提的高等教育机构可颁发联合学位，前提是：

1. 学生已完成第一段所述协议的专业内容，并符合高等教育机构以及至少组织该项目专业一部分内容高校的学位颁发资格条件；

2. 高等教育机构颁发的联合学位可以是其已经授权可予颁发的学位；

3. 联合学位项目包含的学位资格以及根据《高等教育法》（1992：1434）由高等教育或独立课程提供机构颁发的学位是高等教育机构同一学位资格的一部分；

4. 联合学位项目包含的外国高等教育机构颁发的学位资格属于

与合作的瑞典高等教育机构同一教育层级。《高等教育管理条例》（2009：1068）

第十一节第六条

根据第十一节第一条，高等教育机构与另一所高等教育机构颁发联合学位时，这两所高等教育机构应使用相同的文件。《高等教育管理条例》（2009：1068）

第十二节

已被《高等教育管理条例》（2010：1064）废止。

第一和第二级课程与专业

课程与专业

第十三节

所有的第一和第二级专业都应以课程形式提供。课程可以组合形成专业。《高等教育管理条例》（2006：1053）

课程大纲

第十四节

课程应有课程大纲。《高等教育管理条例》（2006：1053）

第十五节

课程大纲应包含：所设课程的教育等级；学分数；培养目标、

具体入学条件、学生绩效评价标准；其他所需的规定等。《高等教育管理条例》（2010：1064）

专业大纲

第十六节

专业应有专业大纲。第十四节规定专业所含课程要有课程大纲。《高等教育管理条例》（2006：1053）

第十七节

专业大纲应包含：所含的课程、具体入学要求以及其他所需的规定等。《高等教育管理条例》（2010：1064）

评　分

第十八节

除非高等教育机构另有规定，否则课程修完后应有相应的评分。高等教育机构可决定采用何种评分体系。

必须按照不同标准对完成包含全部或部分实习课及职业教育老师资格课程的幼儿教师、小学教师、中学或高中教师进行评分。该条件适用于实习课所占学分多于3个学分的情况。

评分应由高等教育机构提名的教师来决定。《高等教育管理条例》（2014：371）

第十九节

已被《高等教育管理条例》（2010：1064）废止。

课程证书

第二十节

一经要求，已成功完成课程的学生应获得高等教育机构的课程证书。

当课程是在一所以上高校讲授时，课程证书应由学生结业学校颁发。若相关高等教育机构另有其他达成意见，则该条款不适用。(《高等教育管理条例》)。

考试次数等

第二十一节

为了完成课程或部分课程，学生要参加考试，高等教育机构要限制学生考试的次数，规定的考试次数至少为五次。若完成一门课程或课程的一部分需要学生修得实习课程或进行相应培训，则所限定实习课程或相应培训的次数至少为两次。《高等教育管理条例》(2006：1053)

第二十二节

若学生参加一门课程或课程一部分内容的考试，两次都未通过，则有权更换另一名督导，除非有特别理由。《高等教育管理条例》(2006：1053)

分数修改

第二十三节

根据《行政程序法》(1986：223) 第二十六节，当发生打印错

误、计分错误或类似的失误情况时，督导应对分数做出修改。《高等教育管理条例》（2006：1053）

成绩回评

第二十四节

当意外情况导致判分显然不正确时，若可以简便快捷的方式解决并且不会降低分数，则督导可改变之前的评分。《高等教育管理条例》（2006：1053）

第三级课程和专业

专业领域

第二十五节

有第三级学位颁发资格的大学或高等教育机构应确定其所设专业和课程的专业领域。《高等教育管理条例》（2010：1064）

专业大纲

第二十六节

第三级课程或专业的每个领域都应有专业大纲。《高等教育管理条例》（2010：1064）

第二十七节

专业大纲应包括：专业的主要内容、具体入学要求以及其他所需的规定等。《高等教育管理条例》（2010：1064）

督　导

第二十八节

至少应给每个博士生配备两名导师。其中一名导师为第一导师。在博士生学习期间有享有导师辅导的权利，第三十节校长另行决定的情况除外。

博士生经申请可以更换导师。《高等教育管理条例》（2010：1064）

个人学习计划

第二十九节

每个博士生都应制订个人学习计划。学习计划应包括博士生本人和高等教育机构赋予的职责，以及完成相应任务的时间表。在与导师商议之后，个人学习计划应做出相应调整。

高等教育机构应定期对博士生的个人学习计划进行跟进，并按照博士生本人与其导师协商后的结果进行修订。若有足够理由，则学程可以延期。这类理由包括病假、产假、服兵役，在工会或学生组织担任需要经过选举才能胜任的职位。《高等教育管理条例》（2010：1064）

享有督导及其他资源的权利

第三十节

若博士生完全忽视个人学习计划中应履行的义务，则校长应有权做出决议，终止督导该博士生并停止提供其他资源。在做此类决议前，博士生和其导师应有机会出席相关讨论会。决议结果应基于博士生和导师的报告以及其他记录在案的资料。评议时应考虑高等教育机构是否履行了学习计划中应承担的责任。决议结果应以书面形式体现，并阐明做出此类决议的原因。

在第三级学生受聘于博士生职位或享受博士生津贴期间，不得取消应给学生提供的任何资源。《高等教育管理条例》（2010：1064）

第三十一节

根据第三十节，在停止向博士生提供学习资源后，博士生可向校长提出申请，要求恢复其享受督导和其他资源的权利。不过博士生必须有充足的理由，显示其未来研究结果能够保证质量，并符合研究范围，按照预定学习计划完成相应研究任务。《高等教育管理条例》（2010：1064）

考试评分

第三十二节

考试时，第三级课程和专业的一部分评分标准应根据高等教育机构指定的评分体系进行。

评分主要由高等教育机构推荐的教师（督导）决定。《高等教

育管理条例》（2010：1064）

公共答辩与博士论文评分

第三十三节

博士或美术、应用与表演艺术博士的资格指标体系规定学生的毕业论文只有被评判为合格才能获得博士学位。

博士论文应进行公示，博士生必须参加论文口头公开答辩。学校指定的学部督导（反对委员）应出席论文答辩会。《高等教育管理条例》（2010：1064）

第三十四节

参与博士论文评审的人员中至少有一位不在颁发学位的高等教育机构中供职。

第三十五节

高等教育机构可以制定关于论文评分和公共答辩方面的相关制度。《高等教育管理条例》（2010：1064）

授　权

第三十六节

根据第三十节及第三十一节，校长的决议权不能由他人代行。《高等教育管理条例》（2010：1064）

第三十七节

已被《高等教育管理条例》（2010：1064）废止。

第三十八节

已被《高等教育管理条例》（2010：1064）废止。

第三十九节

已被《高等教育管理条例》（2010：1064）废止。

第四十节

已被《高等教育管理条例》（2010：1064）废止。

第四十一节

已被《高等教育管理条例》（2010：1064）废止。

第四十二节

已被《高等教育管理条例》（2010：1064）废止。

第四十三节

已被《高等教育管理条例》（2010：1064）废止。

第四十四节

已被《高等教育管理条例》（2010：1064）废止。

第四十五节

已被《高等教育管理条例》（2010：1064）废止。

第四十六节

已被《高等教育管理条例》（2010：1064）废止。

第四十七节

已被《高等教育管理条例》（2010：1064）废止。

第四十八节

已被《高等教育管理条例》（2010：1064）废止。

第四十九节

已被《高等教育管理条例》（2010：1064）废止。

第七章　课程与专业录取

关于第一和第二级课程与专业录取总则

第一节

第一或第二级高等教育入学是指课程与专业的录取。《高等教育管理条例》（2006：1053）

第二节

申请者必须符合基本入学条件以及其他具体条件。

《高等教育机构申请费与学费管理条例》（2010：543）第五节至第八节规定，在某些情况下支付学费是入学条件之一。《高等教育管理条例》（2010：544）

第三节

当有特殊理由时，高等教育机构可以决定免除一项或多项入学条件。若不符合入学条件的申请者仍具有完成课程或专业的能力，则高等教育机构可以对其免除一至多条入学条件。

第四节

第一和第二级高等教育申请人员应按照高等教育机构规定的时间和流程进行入学申请。

《高等教育机构申请费与学费管理条例》（2010：543）第五

节至第八节规定，在某些情况下申请者需先支付申请费才能报名。

与入学相关的问题由高等教育机构确定。在这一方面，机器自动生成的录取通知与高等教育机构发布的入学通知具有同等效力。《高等教育管理条例》（2010：544）

第四节第一条

高等教育机构可以决定，对于《高等教育机构申请费与学费管理条例》（2010：543）规定的需要付费的学生是否可依据特殊招生流程被录取。

特殊录取流程的次数安排由高等教育机构确定。《高等教育管理条例》（2014：37）

面向新生的第一和第二级课程与专业录取

入学基本条件

第五节

符合面向新生的第一级教育课程或专业基本入学条件如下：

1. 已经从高中或成人教育等项目中获得高等教育预备资格；

2. 已从高中或成人教育等项目中获得职业教育资格，且瑞典语课程或者需要英语作为预备入学条件、瑞典语作为第二外语的语言成绩为 E 或更高分数的申请者；

3. 已经接受等同于上述第一或第二条的瑞典本国教育或国外教育的申请者；

4. 是丹麦、芬兰、冰岛或挪威公民且符合这些国家高等教育入学条件的申请者；

5. 有能力从瑞典本国教育或外国教育、实践经验以及其他环境中获取知识和能力的申请者。

瑞典高等教育委员会可制定关于第一段第三条更为详细的规定。《高等教育管理条例》（2012：712）

第六节

母语不是瑞典语、丹麦语、法罗语、冰岛语或挪威语的申请者，需要有一定的瑞典语知识基础。

瑞典高等教育委员会可制定关于第一段更为详细的规定。然而，若申请人的母语是芬兰语而且在芬兰高中或同等教育级别学校学习过3年以上瑞典语，则可被视为具有瑞典语知识基础。《高等教育管理条例》（2012：712）

第七节

已被《高等教育管理条例》（2007：644）废止。

具体入学要求

第八节

附加的任何具体入学要求都必须能够使学生从课程和专业中获益。这些具体要求可以包括：

1. 高中所学的一门或多门课程知识或同等知识；

2. 由学生申请项目的专业领域或职业要求决定的其他条件。

有能力从瑞典本国教育或外国教育、实践经验以及其他环境中

获取知识和能力的申请者也需要同时满足以上具体入学条件。《高等教育管理条例》（2011：1020）

第九节

具体入学要求应被视为与专业领域相关的入学要求。每个专业领域入学应包括第十八节规定的基础课程和权重课程。基础课程是指在第八节第一段第一条中所列的一般专业课程。专业具体入学要求应包括第八节第一段第二条所列的要求。《高等教育管理条例》（2007：666）

第九节第一条

高等教育委员会可制定与专业领域具体入学要求相关的规定。《高等教育管理条例》（2012：712）

第十节

高等教育机构可决定专业领域入学要求适用于第十节第一条中的哪些课程和专业。《高等教育管理条例》（2007：666）

第十节第一条

依据本条例附件2（《学位管理条例》）关于专业学位授予的要求，瑞典高等教育管理委员会可制定与新生专业领域入学要求有关的规定。《高等教育管理条例》（2012：712）

第十一节

若有特殊理由，则瑞典高等教育委员会可允许高等教育机构依据第八节第一段自行制定其专业领域入学要求。《高等教育管理条例》（2012：712）

选拔——选拔标准

第十二节

选拔时应考虑学生的优势。选拔标准包括：

1. 分数；

2. 第二十节提到的“瑞典学术水平考试”结果；

3. 第二十三节所列的选拔标准。

若申请人优势相当，则在选拔中要增加考试、面试或抽签环节。然而，一旦选拔由抽签决定，就不得再举行考试或面试。《高等教育管理条例》（2010：700）

选拔——席位分配

第十三节

对某个课程或专业申请者进行选拔时，席位分配应遵循以下原则：

1. 至少三分之一基于分数；

2. 至少三分之一基于瑞典学术水平考试结果；

3. 依据第二十三节高等教育机构的选拔标准，确定的席位不超过三分之一。

本条例附件 3 对基于分数的席位分配有详细规定。对于没有在附件中所列等级的申请者，瑞典高等教育委员会可依据附件 3 第一条制定适用于该类人员席位分配的管理规定。《高等教育管理条例》（2012：712）

第十四节

对美术、应用与表演艺术学位课程及专业项目申请者的选拔，高等教育机构可基于第二十三节第一条，通过特定测验，并结合第十二节中相关选拔标准进行席位的分配。《高等教育管理条例》（2006：1053）

第十五节

若有特殊理由，则瑞典高等教育委员会可允许高等教育机构以不同于第十二节和第十三节所述的选拔标准来确定席位分配。该授权应包含一至多个具体的招生期。《高等教育管理条例》（2012：712）

第十六节

在个案中，高等教育机构可从第十二节和第十三节中衍生出其他选拔标准。当用第十二节所列标准无法对申请者做出合理评判，并且基于申请者之前的教育、专业职业经历或其他情况，该申请者具有所申请课程或专业相关知识或能力时，高等教育可以选用其他选拔标准。《高等教育管理条例》（2006：1053）

选拔——优先权

第十七节

第十二节和第十三节规定，申请者在申请新生课程时，高等教育机构可优先录取那些已经在该高等教育机构就读的学生。《高等教育管理条例》（2006：1053）

选拔——分数

第十八节

附件3包含了分数评判标准的相关规定。

专业领域入学要求中应包含第九节中所列的基础课程和权重课程。

权重课程是高中开设的特别用于某个领域选拔加分的课程，这类课程不包括在一般或具体入学要求里。

权重课程包括：

1. 现代语言学领域的高阶课程；
2. 高阶瑞典手语课程；
3. 英语高阶课程；
4. 数学高阶课程。

第十八节第一条

已被《高等教育管理条例》（2011：1020）废止。

第十九节

瑞典高等教育委员会可对依据先前规定所得分数以及国外教育分数等级与第五节第一段第一条和第二条中的要求匹配度进行规范。《高等教育管理条例》（2012：712）

选拔——瑞典学术水平考试

第二十节

瑞典的所有高等教育机构都应组织瑞典学术水平考试。瑞典高等教育委员会负责学术水平考试的出题和判分。考试结果有效期为五年半。

将学术水平考试结果作为学生选拔基础的高等教育机构应举行该考试。学术水平考试可与其他高等教育机构合作开展。考试也可由瑞典高等教育委员会组织。

《高等教育管理条例》（2014：1012）

第二十一节

参加瑞典学术水平考试的人员在报名考试时应交纳450瑞典克朗报名费。《高等教育管理条例》（2014：1012）

第二十二节

瑞典高等教育委员会应对学术水平考试进行进一步规范。《高等教育管理条例》（2014：1012）

选拔——由高等教育机构确定选拔标准

第二十三节

依照第十三节规定的范围，高等教育机构可确定选拔标准，包括：

1. 除了瑞典学术水平考试外的其他特殊考试；

2. 与所申请课程或专业特别相关的知识、专业和职业经验或其他经验；

3. 其他与专业相关的客观条件等。《高等教育管理条例》（2006：1053）

第一级教育中不面向新生的课程和专业录取条件

入学基本条件

第二十四节

满足第五条和第六条所列入学基本条件的申请者可以申请第一

级教育中不面向新生的课程和专业。《高等教育管理条例》（2007：644）

具体入学条件

第二十五节

附加的任何具体入学要求都必须能够使学生从课程和专业中获益。这些具体要求可以包括：

1. 高中所学的一门或多门课程知识或同等知识；
2. 高等教育所学的一门或多门课程知识；
3. 由学生申请项目的专业领域或职业要求决定的其他条件。

高等教育机构可依据第一段制定具体入学要求。

能够从瑞典本国教育或外国教育、实践经验或其他环境中获取知识和能力的申请者也符合具体入学条件要求。《高等教育管理条例》（2011：1020）

选　拔

第二十六节

选拔时应考虑学生的优势。选拔标准包括：

1. 分数；
2. 第二十节提到的“瑞典学术水平考试”结果；
3. 之前所学课程和专业；
4. 第二十三节所列的选拔标准。

高等教育机构可决定第二段中哪一条选拔标准适用，并且确定席位分配方式。

若申请人优势相当，则可依据第十二节第三段进行选拔。《高等教育管理条例》（2006：1053）

第二十七节

在个案中，高等教育机构可从第二十六节中衍生出其他选拔标准。倘若用第二十六节所列标准无法对申请者做出合理评判，并且基于申请者之前的教育、专业职业经历或其他情况，该申请者具有所申请课程或专业相关知识或能力时，高等教育可以选用其他选拔标准。《高等教育管理条例》（2006：1053）

第二级课程与专业录取条件

入学基本条件

第二十八节

符合第二级教育一般学位资格和美术、应用与表演艺术学位资格课程或专业的基本入学条件如下：

1. 获得第一级学位，修得的学分至少为 180 个学分或从国外获得同等学力资格；

2. 能从瑞典或瑞典境外的课程和专业中获得实践经验或其他能力的提高。

当申请人被认为符合第一级学位资格的要求，但因特殊情况没有颁发学位证书时，第一段第一条规定的资格要求可对其做出例外。《高等教育管理条例》（2006：1053）

第二十九节

申请专业学位的人员，既要符合一般入学要求，也需要获得特定职业注册资格；或者在获得专业学位之前，申请人已经获得特定专业资格或具有特定专业资格。符合第二十八节第一段第二条的人员也符合一般入学条件。该条款不适用于申请者所申请专业需要特定专业资格的情况。《高等教育管理条例》（2006：1053）

第三十节

除了第二十八节和第二十九节中的规定外，若申请人完成第一级课程和专业或符合第二十八节第一段第二条的要求，则满足第二级课程和专业的一般入学要求。《高等教育管理条例》（2006：1053）

具体入学条件

第三十一节

附加的任何具体入学要求都必须能够使学生从课程和专业中获益。这些具体要求可以包括：

1. 大学所学的一门或多门课程知识；

2. 高等教育所学的一门或多门课程知识；由学生申请项目的专业领域或职业要求决定的其他条件。

高等教育机构可依据第一段制定具体入学要求。

能够从瑞典本国教育或外国教育、实践经验和其他环境中获取知识和能力的申请者也符合具体入学条件要求。《高等教育管理条例》（2011：1020）

第三十一节第一条

对于特殊需求培训或特殊教育需求研究生学位项目，第三十一

节的入学要求可以不包括独立（学位）项目或同等项目。《高等教育管理条例》（2012：188）

选　拔

根据第二十六节和第二十七节相关规定进行选拔。《高等教育管理条例》（2006：1053）

通过特殊录取环节进行的选拔

第三十二节第一条

在特殊录取环节中，第四节第一条的第二和第三段所列条款应适用，而第十二节至第二十三节、第二十六节、第二十七节和第三十二节的规定不适用。

在选拔中，高等教育机构必须考虑申请人的资格。

高等教育机构可制定具体的选拔标准和席位分配方式。选拔标准应包括对课程或专业具有重要作用的客观环境因素。对于优势相当的人选，可以通过面试或抽签的方式进行选拔。一旦决定采用抽签方式，选拔中就不得举行考试或面试。《高等教育管理条例》（2014：37）

第一、二级学习延期及批准假期

第三十三节

若有特殊理由，则高等教育机构可针对已录取的第一、二级学生采取以下措施：

延迟学习开始时间，或在修完批准假期之后继续学习。

若高等教育机构开设的项目属于第一或第二级教育，则第一段的条款也适用于第六章第十一节第三条所述的学生。

瑞典高等教育委员会可对学习延期和假期批准制定具体的规定。《高等教育管理条例》（2012：712）

第三级课程与专业入学条件

总　则

第三十四节

录取至第三级课程和专业的博士生人数不得超过第三十六节所述的导师和其他资源所能负担的学生人数。《高等教育管理条例》（2006：1053）

第三十五节

第三级课程和专业的录取条件为：

1. 申请者符合高等教育机构设定的基本和具体入学条件；

2. 申请者具有能够从课程和专业学习中获得知识和提升能力的潜力。《高等教育管理条例》（2010：1064）

第三十六节

高等教育机构可以只招收已经受聘于博士生职位或获得博士生津贴的申请者。不过，高等教育机构也可招收有其他资助来源且其资助足够负担学生全部学习时段所需费用的学生，使学生有充足的时间投入学习研究中，包括四年内要获得的一般或美术、应用与表演艺术的硕士上学位，以及 8 年内要获得一般或美术、应用与表演艺术的博士学位。《高等教育管理条例》（2010：1064）

录取流程

第三十七节

录取决议由高等教育机构决定。第三级课程与专业申请者需在高等教育机构规定的时段内按照既定流程进行申请。

若高等教育机构计划招收一到多名第三级学生，则相关信息应通过广告或其他类似方式发布。不过，下列信息不需要发布，包括：

1. 针对相关企业在职博士的招生信息；
2. 针对其他高等教育机构在读博士的招生信息；
3. 有其他类似的特殊理由。《高等教育管理条例》（2006：1053）

第三十八节

已在某个专业领域获得第三级学位颁发权限的高等教育机构可以接收其他高等教育机构的转学生，学生无须参加新的录取流程，可直接在该高等教育机构继续学习并获得相应学位。不过，前提是该转学生已经完成高等教育机构所授学位要求的大部分学业。

第一段所述条款同样适用于《高等教育法》（1992：1434）第一章第十一节所述的享有第三级学位颁发权限、具有大学资格的高等教育机构。《高等教育管理条例》（2010：1064）

基本入学条件

第三十九节

第三级课程和专业申请者，需符合下列条件：

1. 已获得第二级学位资格；

2. 符合至少包含240个学分课程的要求，其中在第二级教育中至少已经获得了60个学分；

3. 在瑞典或国外以某种方式已掌握较广的同等知识。

若有特殊理由，则高等教育机构可对单个申请者免除上述基本入学要求。《高等教育管理条例》（2010：1064）

具体入学要求

第四十节

附加的任何具体入学要求都必须能够使学生从课程和专业中获益。这些具体要求可以包括：

1. 大学所学的一门或多门课程与专业知识或同等课程与专业知识；

2. 具体的专业或职业经历，并且有课程或专业决定的必要语言技能或其他条件。《高等教育管理条例》（2006：1053）

选　拔

第四十一节

在对符合第三十五条和第三十六条所列要求的申请者进行选拔时，应考虑其从课程和专业中获得知识和技能的能力。

在评价申请者的知识和技能习得能力时，高等教育机构可自行确定评价标准。

对于能够直接将之前课程或专业项目及专业职业经历转换为学分的申请者，在选拔时不能比其他申请者有优势。《高等教育管理条例》（2010：1064）

特殊机构

第四十二节

已被《高等教育管理条例》（2010：1064）废止。

第八章

已被《高等教育管理条例》（2006：1053）废止。

第九章

已被《高等教育管理条例》（2006：1053）废止。

第十章　纪律措施

总　则

第一节

发生以下情况时，学生将会受到违纪处分：

1. 在考试或其他形式的学习成果评估过程中，使用禁止携带的工具或其他方法作弊；

2. 在高等教育机构中断或阻碍课程和专业体系中进行的教学、测验或其他活动；

3. 在高等教育机构图书馆或其他场所中断活动；

4. 对高等教育机构的学生或教职员工进行《歧视法案》（2008：567）中第一章第四条所列的骚扰或性骚扰；

违纪处分时间不得超过两年。《高等教育管理条例》（2008：944）

纪律措施

第二节

纪律措施包括警告和暂停。

暂停决议指的是学生被禁止参加教师辅导、测验或其他高等教育机构课程和专业系统中进行的活动。该决议应包含一到多个周期，但总暂停期不得超过6个月。

暂停决议也包括禁止使用高等教育机构的某些设施。

纪律委员会

第三节

无另外规定时，应由纪律委员会做出纪律处分决议。每个高等教育机构都应设有纪律委员会。

第四节

纪律委员会应包含以下人员：校长作为纪律委员会主席；一名担任或曾经担任法官的法律专家；高等教育机构的一名教师代表。纪律委员会也应包括学生代表，人数为两人。《高等教育管理条例》（1998：1003）

第五节

法律专家和教师代表由高等教育机构任命，任期为3年。《高等教育管理条例》（1998：1003）

第六节

纪律委员会的学生代表任期为1年。

第七节

当主席无法出席时，代理副校长或另一个特别任命的代表应代行纪律委员会主席职责。

纪律委员会的每个成员都应有代行代表。法律专家代表应担任或曾经担任法官职位。应依据相同流程任命代行代表，且代行代表任期与正式代表一致。《高等教育管理条例》（1998：1003）

第八节

只要有三人出席就能达到纪律委员会法定人数，其中主席和法律专家必须出席。

若对某事项的决议持有异议，则适用第二十九章关于只有法律专业人员出席参与的法庭投票司法流程条例。《高等教育管理条例》（1998：1003）

流程规定

第九节

若有理由证明学生涉嫌违反第一节中的规定，则应立即通知校长。

校长应安排专人进行调查并给学生提供申诉的机会。适当的时候可咨询法律专家，校长应对此事采取如下行动：

1. 取消处分决议，不采取任何行动；

2. 发出警告通知，或者召集纪律委员会出席的听证会。《高等教育管理条例》（1998：1003）

第十节

校长发布警告的决议可提交给纪律委员会供学生复核。学生应被告知该权益。

其他条款

第十一节

纪律委员会应确保对提交的事项进行了彻底调查。纪律委员会应给相关学生向纪律委员会申辩的机会。在其他人员向纪律委员会提请诉议时学生也应有权利在场，除非有特殊理由。《高等教育管理条例》（2004：289）

第十二节

除非在决议中有另外规定，否则暂停决议应立即生效。

第十三节

采取暂停决议后，应立即通知学生援助国家委员会和高等教育机构相关部门。

中间暂停

第十四节

若事项提请到纪律委员会，则校长经与法律专家协商可对学生采取中间暂停惩处措施，并在高等教育机构内即刻生效。

第十一章

已被《高等教育管理条例》（2010：1064）废止。

第十二章　上　诉

第一节

已被《高等教育管理条例》（1999：1037）废止。

第二节

针对高等教育机构所做的以下决议，学生可向高等教育上诉委员会提出上诉：

1. 与高等教育机构聘用相关的决议，博士生职位聘用除外；

2. 对于不符合第一或第二级高等教育课程和专业项目基本入学条件的申请者，没有按照第三节第二句或第七章第二十八节第二段所述的规定豁免基本入学要求；

3. 关于课程和专业项目或专业活动学分转换的决议；

4. 拒绝学生课程或专业项目必要条件的豁免申请；

5. 依据第六章第三十节暂停向博士生提供教学资源的决议以及依据第六章第三十一节的规定没有恢复资源提供的决议；

6. 拒绝向学生颁发学位证书或课程证书；

7. 不允许已录取第一或第二级课程和专业项目延迟开始或经批准假期后不允许继续学习的决议。《高等教育管理条例》（2010：1064）

第三节

《行政流程法》（1986：223）第二十二节第一条规定，对纪律委员会所做的暂停或警告学生处分决议的上诉可提请至公共行政法庭。

纪律委员会所做的其他决议不得上诉。《高等教育管理条例》（2002：81）

第四节

除本章节所列事项以外，对高等教育机构所做决议的上诉只有在法律和《行政流程法》（1986：223）允许的范围内才可以提请。

第五节

高等教育上诉委员会所做决议不可提请上诉。《高等教育管理条例》（2002：81）

第六节

根据该条例，瑞典高等教育委员会所做决议不可提请上诉。《高等教育管理条例》（2012：712）

生效的过渡条款

《高等教育管理条例》1993：100

1. 该条款应于1993年7月1日生效，除非在第二段或第三段中另有规定。下列条款应于1993年3月1日生效：

（1）1993年6月30日之后的入学要求适用于第八章和第十章关于课程与专业入学要求的条款；

（2）1993年6月30日后开始聘用的员工或设立的部门适用于

第二章、第三章、第六章、第九章第十六节及第十七节关于某些高等教育机构职位聘用和部门设立的条款：

若运用了课程和专业录取新条款，则第十三章关于对录取过程决议进行上诉的条款适用。《高等教育管理条例》（1993：159）

……

3. 若政府发布的法案或法规中的条款被本条例中的条款替代，则新条款应适用。

……

5. 1993 年 6 月底之前没有确定的高等教育事项应依照本条例中的适用条款进行处理，除非另有规定。高等教育机构董事会应制定此类事项的具体管理办法。

6. 于 1993 年 6 月 30 日担任讲师或初级讲师的人员应被视为高级讲师或讲师。

7. 于 1993 年 6 月 30 日担任与诊疗相关的牙科学教职人员应被升任为高级讲师，无须发布职位空缺通知。

8. 助理牙医在现任职者退休后应自行废除。于 1993 年 6 月 30 日以固定期限担任此职位的人员应保留直到聘期到期。

9. 若有空缺职位发布并要求在 1993 年 7 月 1 日前递交申请，则关于聘任和职位资格的原有条款应适用此类岗位招聘。学术职位聘用委员会的构成不应遵循原有条款。《高等教育管理条例》（1993：952）

10. 在 1993 年 6 月底之前提议的聘任流程，还没有最终确定的，学术招聘委员会可按照 1993 年 6 月底已有的提议办法进行处理。

11. 在 1993 年 7 月 1 日前开始学位项目课程学习的学生应根据先前条款完成学业。然而，学业只能持续到 2000 年 9 月 30 日。《高等教育管理条例》（1999：1037）

12. 在1993年7月1日之前所学课程为非学位项目组成部分的人员应按照先前条款被授予学位资格，直到2000年9月30日为止。《高等教育管理条例》（1999：1037）

13. 若在1993年7月1日前被录取到相关课程和专业的学生被批准延期，则应被录取至新条款规定的课程和专业项目中。

14. 根据原有条款，在1993年7月1日仍有效的瑞典学术水平考试结果其有效期可根据第八章第九节第三段中的新条款延期。

15. 在本条例生效前，原先关于对决议或推荐提请上诉的条款仍然适用。

《高等教育管理条例》1994：1101

1. 本条例自1994年7月1日起生效。

……

3. 完成两年制光学专业且在1994年1月1日至1995年7月1日根据原有条款完成注册课程的人员应获得光学师合格证。该规定同样适用于根据原有条款完成两年制光学专业且在1995年1月1日之后在卡罗林斯卡学院完成补充培训的人员。《高等教育管理条例》（1995：337）

4. 在1994年7月1日之前开始牙医学专业学习的人员应根据原有条款获得相应学位，直到1998年年底为止。

《高等教育管理条例》（1995：253）

该条例自1995年4月1日起生效。在该条例生效前关于对决议提请上诉的原有条款应适用。

《高等教育管理条例》（1995：944）

1. 本条例自1995年7月1日起生效。

2. 对于在本条例生效前向学术职位聘用委员会提请的尚未确定

的聘用提议，学术职位聘用委员会可依据之前的条款予以处理。

《高等教育管理条例》1996：913

1. 该条例自1996年11月1日起生效。

……

3. 在1996年11月1日前开始学习中高等教师专业的人员应依据原有条款应被授予相应学位资格，直到2002年6月底为止。在1998年1月1日之后获得中高等教师资格的人员应具备掌握计算机应用和其他信息技术工具的能力，并能在教学中使用这些知识和工具。

《高等教育管理条例》（1996：984）

1. 本条例第二章第二节和第七章第三节自1997年3月1日起生效，其余条款自1996年12月1日起生效。

……

3. 依据在1993年7月1日前生效的条款，符合基本入学条件的申请者应被视为符合一般入学条件，直到1999年年底为止。

4. 以下人员应被视为符合基本入学条件：

（1）申请者已完成国家或特定中高等教育，且依据1994年7月1日前条款在中高等教育毕业证书上有成绩，或者完成同等水平成人教育且有相应成绩的人员；

（2）根据1993年7月1日前生效条款满足基本入学条件，完成四年制、三年制或两年制中高等教育且获得毕业证，或者完成与一般两年制中高等教育同等水平的两年制特殊中高等课程教育以及从国立或市立成人教育获得同等分数的人员；

（3）在1998年7月1日前获得民办高中毕业证书，并具有高等教育一般学习能力的人员。《高等教育管理条例》（1999：687）

《高等教育管理条例》（1998：80）

1. 本条例第九章第三节自1999年1月1日起生效，其他条款自

1998 年 4 月 1 日起生效。

2. 第五章第二节和第六节原有条款适用于 1998 年 4 月 1 日前获得博士生职位的人员。第五章第六节原有条款也适用于在 1998 年 4 月 1 日前被录取，到 2003 年年底之前结束博士生职位仍未续聘的人员。《高等教育管理条例》（2001：23）

3. 第九章第九节原有条款应适用于 1998 年 4 月 1 日之前受聘为助理的人员，直到 1999 年 6 月 30 日为止。

4. 第五章第四节新条款应适用于在 1997 年 12 月 31 日首次获得博士津贴的人员。然而，该条款不适用于 1998 年 4 月 1 日前被录取为博士生但随后才获得博士津贴，以及 1998 年 4 月 1 日前已经以全职博士生身份学习了 3 年以上或 2 年零 5 个月的人员。《高等教育管理条例》（1998：160）

……

7. 第五章第十节关于医学领域的规定应适用于医学或牙医学专业的教师，直到 1999 年 1 月 1 日为止。

《高等教育管理条例》1998：1003

1. 本条例第一章第七节第一条、第九节和第十三节以及附则 1 自 1998 年 9 月 1 日起生效，其余条款自 1999 年 1 月 1 日起生效。

2. 第一章第三节原有条款应适用于 1999 年 1 月 1 日前向司法大臣办公室提请的事项。

3. 第四章第十一节关于升任教授资格的新条款应同样适用于在本条例生效时担任副教授的高级讲师。

4. 在本条例生效时担任副教授的高级讲师只要仍被受聘为高级讲师，就可在本条例生效后继续担任高级讲师。

5. 第四章第十七节和第十八节的新条款应适用于 1999 年 1 月 1 日或之后开始的聘任流程。

6. 若与教授或高级讲师相关的聘任流程在 1999 年 1 月 1 日前尚未完成，则依据第四章第二十一节新条款提出的意见应提交至教师委员会或同等机构，除非在 1999 年 1 月 1 日前已经将意见提交至学术职位聘用委员会。

若在 1999 年 1 月 1 日前有关聘用提议已提交至学术职位聘用委员会但委员会尚未完成流程，则根据第四章和第六章中的新条款，学术职位聘用委员会应将提名建议提交至校长。

根据上段所列条款将提名建议提交至校长后，校长应依据第四章第二十节所列新条款确定该任命而无须进一步考虑。该条也同样适用于学术职位任命提议在 1999 年 1 月 1 日前提交给校长，并且校长在 1999 年 1 月 1 日前还未发布决议的情况。

7. 若聘任访问教授的流程已经启动但在 1999 年 1 月 1 日前尚未完成，则第四章第十八节第二段第三句所述原有条款应适用，而第四章第二十六节和第二十七节的新条款不适用。

8. 若聘任博士后研究员流程已经启动但在 1999 年 1 月 1 日前尚未完成，则第四章第十八节第三段的原有条款适用。

9. 第四章第十二节和第二十三节的新条款应适用于 1999 年 1 月 1 日或之后启动的聘用流程。

10. 根据第四章第二十一节第一至第七、第九或第十条新规定的受聘人员，其在 1999 年 1 月 1 日或之后的续聘或聘期延期应适用原有条款。

11. 第四章第十三节第二段原有条款应适用于 1999 年 1 月 1 日前受聘为博士后研究员的人员，而第四章第十节第二段的新条款不适用。

12. 第十章第一节第一段第四条新条款应适用于 1999 年 1 月 1 日或之后发生的违纪事项。

13. 第十章第四节和第七节新条款应适用于1999年1月1日起被任命并履职的法律专员。

14. 关于上诉权利的原有条款适用于1998年11月1日前依据第十二章第二节第一段第四条所做的决议。《高等教育管理条例》(1998：1272)

《高等教育管理条例》(1998：1271)

1. 本条例自1998年11月1日起生效。

2. 关于上诉权利的原有条款适用于在本条例生效前依据第十三章第二节第一段第二条所做的决议。

《高等教育管理条例》(1999：30)

1. 本条例自1999年5月1日起生效。

2. 在1998年8月1日前开始参加助理工程师、首席工程师、总图师或大副培训的人员应依据原有条款获得相应资格证书，直到2002年1月31日为止。

《高等教育管理条例》(1999：1037)

1. 本条例自2000年1月1日起生效。

2. 若聘任博士后研究员流程已经启动但在2000年1月1日前尚未完成，则第四章第十节第一段原有条款应适用。

3. 在本条例生效前，有关上诉权利的原有条款仍然适用。

《高等教育管理条例》(2000：651)

1. 本条例附件2自2000年8月1日起生效，其余条款自2000年9月1日起生效。

2. 在2001年2月1日前就读于乌普萨拉大学药剂学专业的学生应依据原有条款获得相应学位，直到2005年2月1日为止。

《高等教育管理条例》(2001：23)

1. 本条例附件2第六条、第三十条和第三十八条以及《高等教育管理条例》(1998：80)修订条例中的过渡条款第二条生效日期为2001年3月1日，本条例其余条款自2001年7月1日起生效。

2. 在2001年7月1日前就读幼儿和青少年教育、艺术教育、初中等教育、家庭经济学教育、体育教育、音乐教育或手工教育专业的人员应依据原有条款获得相应资格证书，直到2008年6月底为止。

3. 在1996年10月31日至2001年7月1日就读于中高等教育专业的人员应根据原有条款获得相应资格证书，直到2008年6月底为止。

4. 在2001年7月1日前就读于1993年6月30日之前生效的初中等教学大纲一致的专业但尚未获得专业培训或教学经验的人员应根据原有条款享有相应培训机会，直到2003年年底为止。

5. 在2001年7月1日前参加特殊需求培训的人员应根据原有条款获得相应资格证书，直到2003年6月底为止。

《高等教育管理条例》(2001：211)

本条例自2001年7月1日起生效。《高等教育管理条例》(2009：618)

《高等教育管理条例》(2001：212)

本条例自2006年6月30日生效。

该日期之后，本条例仍然适用于2006年6月30日受聘的助理高级讲师。

《高等教育管理条例》(2001：972)

本条例自2002年1月1日起生效。第六章第十五节第二段和第三段新条款应适用于2003年1月1日或之后颁发的学位证书。

《高等教育管理条例》(2002：761)

1. 本条例第八章第三节第一条自2003年7月1日起生效，其余条款自2003年1月1日起生效。

2. 第七章第三节、第四节、第七节、第九至十一节新条款应适用于2003年秋季学期本科生首次招生；第七章第十三节应适用于2004年秋季学期本科生首次招生。在此之前原有条款仍适用。

《高等教育管理条例》(2003：343)

1. 本条例第一章第九节、第二章第二节以及第十章第一节生效日期为2003年7月1日，本条例其余条款自2003年11月1日起生效。

2. 第七章第十八节条款应适用于首次申请参加2004年春季的瑞典学术水平考试。

《高等教育管理条例》2004：383

本条例自2004年7月1日起生效。原有条款应适用于关于受聘于研究委员会研究员的聘任流程。

《高等教育管理条例》2005：401

本条例附件2自2005年7月1日起生效，附件1自2005年10月1日起生效。

《高等教育管理条例》2005：1037

本条例自2006年2月1日起生效，应适用于2006年秋季学期本科项目首次招生。

《高等教育管理条例》2004：1053

1. 本条例第一章第十六节生效日期为2006年9月1日，其余条款生效日期为2007年1月1日。除了第一章第十六节，本条例适用于2007年6月底之后开始的课程与专业项目招生，以及该日期之后的博士生录用；第三条与第四条所述的在2007年6月底之后开始的课程与专业或该日期之后获得的学位除非另有规定。

2. 原有条例应适用于2007年7月1日前开始的课程与专业招生和在此日之前的博士生录取，以及在2007年7月1日前所授的课程与专业或学位颁发。

3. 原有条款适用于2007年7月1日前开始而且之后仍继续的博士专业课程或同等内容。

4. 原有条款适用于2007年6月底之后的学位颁发，倘若学位资格要求的所有学业在该日期之前完成。

5. 在2007年7月1日前就读于学位课程或专业的人员应适用附则2（《学位体系》）中的原有条款，2007年7月1日前被录取至学位课程或专业但被批准延期至该日期之后、不晚于2015年6月底之前完成其学业并获得学位的人员应适用原有条款。

6. 在2007年7月1日前获得的表明本科生或研究生学习程度的1个学分，相当于新条款所述的1.5个学分。

7. 依据附件2（《学位管理条例》）第四条和第五条原有条款，在2007年6月底之后颁发的学位资格程度应按照原有条款进行学分标注。依据第五条颁发的学位应根据新条款以同等学分进行标注。

8. 新条例中所述的“第三级课程与专业”等同于原有条款中所述的“研究生课程与专业”。

9. 根据新条款，第二级学位资格需要掌握先前学习经历或获得第一级学位资格，那些具有同等学习经历或具有本科教育学位资格的人员也符合该学位要求。

10. 若第二级或第三级招生需要获得第一或第二级教育的特定学分数，则具有同等学分或获得本科教育学位资格的人员也符合要求。

11. 符合2007年7月1日前博士项目基本入学条件的人员也应符合该日期之后第三级课程与专业的基本入学条件，2015年6月底之后的除外。

12. 已录取至本科课程和专业且其学习开始时间延期至2007年7月1日后的人员应被视为被录取至新条款所述的同等课程与专业。然而，该条款不适用于依据第五条使用其权利的已录取学生。

13.《高等教育法》（1992：1434）修订法案（2006：173）过渡条款第四条关于依据原有条款政府或瑞典高等教育局所做的关于学位授予权的决议仍然有效。

14. 根据第四章第三十节第六条所列新条款，本科专业教学应等同于第一或第二级课程与专业教学。

15. 依据原有条款，已录取至本科课程与专业的人员可依据第五章第十节第二段新条款被聘用为教学或行政助理。

16. 第六章第十节第一段关于学位证书应标明所在教育级别的条款不适用于依据原有条款颁发的学位证书。

17. 第十二章第二节原有条款仍适用于对依据原有条款所做决议提请的上诉。

18. 第六章第三十一节和第三十二节新条款中关于每个博士生至少有两名导师辅导并且其中一人应参加过相应培训或被评估具有相应技能的条款，适用于2007年6月底之后开始就读的博士生。

《高等教育管理条例》2006：1054

1. 本条例第七章第九节第一条、第十节第一条和第十八节第一条生效日期为2007年8月15日，其余条款生效日期为2010年1月1日。《高等教育管理条例》（2007：666）

2. 新条款应适用于2001年5月底之后开始的课程与专业首次招

生。《高等教育管理条例》（2009：1328）

3. 在 2010 年 1 月 1 日前符合本科或第一级课程与专业基本入学要求的人员应被视为符合高等教育第一级开始的课程与专业基本入学要求。在 2008 年 7 月 1 日前符合第七章第七节所述的基本入学条件的人员应适用于 2008 年 1 月 1 日前的陈述条款，该条有效至 2011 年 12 月 31 日。《高等教育管理条例》（2008：229）

4. 原有条款适用于 2010 年 1 月 1 日前符合本科或高等教育第一级课程与专业基本入学条件的人员，而不是附则 3 第四至第七条和第九条。2011 年 7 月 1 日起实施的高等教育专业大纲以及 2012 年 7 月 1 日起实施的当地中等教育专业大纲的课程评分不应被纳入整体课程评价体系或遇到下列情况时，分数不包括在：中等教育早期专业当地成人教育最终学业成绩或等同于最终学业成绩中；所申请专业的任一具体入学条件中。《高等教育管理条例》（2012：529）

5. 依照 2000 年秋季或之后引入的教学大纲，附则 3 第三条和第八条新条款也适用于接受中等教育及 2001 年 7 月 1 日或之后接受中等成人教育的人员所提交的成绩。

瑞典高等教育委员会可制定关于先前成绩可以其他方式认定作为学分累积或指定的学分增加值的相关规定。

《高等教育管理条例》2007：129

1. 本条例自 2007 年 5 月 1 日起生效。除非在第三条和第四条中另有规定，否则本条例应适用于 2007 年 6 月底之后颁发的教学资格学位。

2. 原有条款适用于 2007 年 7 月 1 日前颁发的教学资格学位。

3. 原有条款也适用于 2007 年 6 月底之后颁发的教学资格学位，倘若学位证书中所列课程与专业在该日期前已完成。

4. 依据《高等教育管理条例》（2013：825）在 2013 年 12 月 1

日已失效：

依据2007年7月1日前原有条款，就读于教学学位项目课程与专业的人员以及在该日期前被录取但批准延期至2007年7月1日之后开始学习的人员有权根据原有条款完成学业并获得教学资格学位，最晚不得超过2018年6月底。《高等教育管理条例》（2011：687）

5. 2013年12月1日生效（2013：825）：

依据2007年7月1日前原有条款，就读于教学学位项目课程与专业的人员以及在该日期前被录取但批准延期至2007年7月1日之后开始学习的人员有权根据原有条款完成学业并获得教学资格学位，最晚不得超过2020年6月底。《高等教育管理条例》（2013：825）

6. 依据原有条款第三条和第四条，可在2007年6月底之后颁发的教学学位资格范围按照原有条款以学分数来标注。第四条所指的教学资格学位也依据生效的第六条和《高等教育管理条例》（1993：100）修订法案（2006：1053）过渡条款以学分数作为标注。

《高等教育管理条例》2007：644

1. 本条例自2008年1月1日起生效，应适用于2008年6月30日之后开始的课程与专业首次招生。

2. 原有条款适用于2008年7月1日前开始的课程与专业首次招生。

3. 在2008年7月1日前符合第一级课程与专业招生基本入学条件的人员也应被视为符合第一级教育基本入学条件，该条款适用期只到2011年12月31日。

《高等教育管理条例》2009：933

1. 本条例自2010年1月1日起生效。

2. 在2009年年底不具有大学资格的高等教育机构若被授予某个

学科领域的第三级学位颁发资格，则可获得同等学科领域的学位颁发权，直到2010年年底为止。

3. 依据第二条可颁发第三级学位的高等教育机构应在2010年年底之前告知瑞典高等教育署其所颁发的根据《高等教育法》（1992：1434）第十三节以及第六章第五节第三条新条款所列第三级学位的专业领域。在收到相关信息后，瑞典高等教育署可授予相关高等教育机构在这些领域的第三级学位颁发权。

4. 根据原有条款授予的在某一学科领域颁发硕士学位的权限仍有效。

《高等教育管理条例》2009：1068

本条例自2010年1月1日起生效。第六章第八节、第九节、第十节以及第七章第三十三节的条款适用于2010年6月底设立的课程与专业。

《高等教育管理条例》2009：1222

1. 本条例自2010年1月1日起生效。

2. 在2010年7月1日前就读于韦克舍大学（Växjö University）或卡尔马大学学院（Kalmar University College）的人员以及在该日期之前被录取但却延期学习的人员应被视为林奈大学（Linnaeus University）[1] 的学生，无须通过新的录取流程，且有权在林奈大学完成学业。

《高等教育管理条例》2010：541

1. 本条例自2011年7月1日起生效。《高等教育管理条例》（2010：542）

① 林奈大学由韦克舍大学和卡尔马大学学院合并而成。

2. 于2013年12月1日失效：

根据原有规定，在2011年7月1日前就读于教师教育专业或具有研究生学位的特殊需求培训项目的人员，以及在该日期之前已被录取但经批准延期学习的人员在2018年6月底之前应有权完成学业并获得相应的学位资格。《高等教育管理条例》（2011：186）

3. 自2013年12月1日起生效：

在2011年7月1日前就读于教师教育专业或具有研究生学位的特殊需求培训项目的人员，以及在该日期之前已被录取但经批准延期学习的人员，根据关于在2018年6月底之前结束的特殊需求培训研究生学位项目或者关于在2020年6月底之前结束的教师教育项目的原有条例，有权完成学业并获得相应的学位资格。《高等教育管理条例》（2013：825）

《高等教育管理条例》2010：541

本条例第六章第五节以及附件4自2011年7月1日起生效，其余条款自2010年7月1日起生效。

《高等教育管理条例》2010：700

1. 本条例自2010年8月1日起生效，适用于2010年12月31日起开设的课程与专业首次招生。

2. 原有条款适用于2011年1月1日前开设的课程与专业招生。

《高等教育管理条例》2010：1064

1. 该条例自2011年1月1日起生效。

2. 第四章第三十节第一至第五条、第八和第九条原有条款（固定期限聘用延期规定除外）适用于2011年1月1日前以固定期限形式聘用的人员。只要该职位存在，上述条款就继续适用。对于从固定期限形式转换成第四章第三十节原有条款所述的非固定期限形式聘用的职位，第四章第七至九节及第二十八节原有条款适用。

3. 第四章第八节第一条以及第四章第三十节第六条关于以固定期限形式聘用高级讲师的原有条款适用到2011年9月底。

4. 关于在2011年10月1日前被聘任为助理高级讲师的人员，第四章第三十节第六条原有条款将继续适用，只要该职位存在。依据原有条款该种岗位聘期可以延长。

5. 第四章第十节以及第四章第三十节第七条关于以固定期限形式聘用博士后研究员的原有条款将继续适用到2011年9月底。

6. 对于在2011年10月1日前受聘于博士后研究员的人员应适用第四章第三十节第七条原有条款（只要该职位存在）。依据原有条款该种岗位聘期可以延长。

7. 对于提交至高等教育机构的升任提议但在2011年1月1日前尚未完成的事项，适用于第四章第五节至第八节第一条、第十一节至第十三节第一条、第二十至二十三节以及第二十节第一条至第二十八节原有条款。依据原有条款由教师委员会或同等机构处理的任务应由高等教育机构指定的个人或个人团体来解决。

8. 若已经开始的除上述第七条所述以外的教师聘用流程在2011年1月1日前尚未完成，则第四章第二节、第五至第十节、第十五节、第二十至二十二节、第二十四节第一条以及第二十六至第三十节原有条款适用于该流程。依据原有条款由教师委员会或同等机构处理的任务应由高等教育机构指定的个人或个人团体来解决。

9. 根据第四章第三十节第一至第五条、第八和第九条原有条款，对于上述第八条所述的聘用人员，这些原有条款应适用（只要该岗位继续存在）。然而，第四章第三十节第一条、第二条、第五条、第八和第九条关于固定期限形式聘用岗位延期以及将固定期限聘用转为非固定期限聘用的原有条款将不再适用。

10. 关于计算新条款中第四章第十节艺术、应用与表演艺术领域教师的聘期长度，应参照第四章第三十节第一条的原有规定。

11. 关于计算新条款中第四章第十一节兼职教授的聘期长度，应参照第四章第三十节第二条的原有规定。

12. 关于计算新条款中第四章第十二节访问教授的聘期长度，应参照第四章第三十节第九条的原有规定。

13. 第十二章第二节原有条款将继续适用于根据原有条款所做的决议。

《高等教育管理条例》2010：2020

1. 本条例中与《高等教育法》附则3有关的条款以及与《高等教育管理条例》（2006：1054）修订条例过渡条件相关的已生效条款中的第五条自2011年1月15日起实施，其余条款自2013年1月1日起实施。

2.《高等教育管理条例》附则3新条款以及与《高等教育管理条例》（2006：1054）修订条例过渡条件相关的已生效条款中的第五条，适用于2011年5月31日之后开设的课程与专业首次招生。否则，新条款适用于2013年5月31日之后开设的课程与专业首次招生。

3. 关于基本入学条件的原有条款应继续适用于那些在2015年7月1日前从完全国立或特殊中等教育项目获得最终学业分数的人员，以及在2017年1月1日前从中等成人教育项目中获得最终学业分数的人员。《高等教育管理条例》（2015：389）

4. 除了上述第三条规定外，2013年1月1日之前符合面向高等教育新生的第一级课程或专业基本入学条件的人员，应被视为符合第一级课程与专业基本入学要求。2008年7月1日前符合2008年1

月 1 日前生效的第七章第七节所规定的基本入学条件的人员，该条款适用期截止到 2011 年 12 月 31 日。

《高等教育管理条例》2011：687

本条例中关于生效的第四条以及《高等教育管理条例》（1993：100）修订条例过渡条款自 2011 年 6 月 23 日起实施，其余条款自 2011 年 7 月 1 日起实施。

《高等教育管理条例》2011：946

本条例自 2012 年 1 月 1 日起生效，适用于 2012 年 5 月底开设的课程与专业首次招生。

《高等教育管理条例》2010：1020

1. 本条例自 2012 年 8 月 1 日起生效。《高等教育管理条例》（2012：519）

2. 新条款应适用于 2012 年 12 月 31 日后开设的课程与专业首次招生。《高等教育管理条例》（2012：519）

3. 第七章第十八节以及附则 3 原有条款将继续适用于那些从完全国立、特殊中等教育或者中等成人教育项目中获得最终学业成绩的人员。在计算学分增加值时，瑞典手语课成绩为合格或更高时应被视为现代语言学一门课程的同等成绩。

根据适用于 2011 年 7 月 1 日起及以后的中等教育和 2012 年 7 月 1 日起的公立中等成人教育专业大纲，课程分数应按照附则 3 第四条新规定转换成相应的数值。

4. 瑞典高等教育委员可制定相关规定，依据原先条款第七章第十八节第三段第四条，那些特定领域的相关权重课程应被认定为权重课程，并被限定。《高等教育管理条例》（2012：712）

《高等教育管理条例》2012：188

本条例自2012年6月1日起生效，适用于2012年12月31日之后开设的课程与专业首次招生。

《高等教育管理条例》2012：523

本条例自2012年8月15日起生效。

《高等教育管理条例》2012：529

本条例自2012年8月1日起生效。

《高等教育管理条例》2012：584

1. 本条例自2012年10月15日起生效。

2. 新条款适用于2013年5月1日及以后任命的高等教育机构董事会成员。

3. 原有条款适用于2013年4月底之前（含4月底）任命的高等教育机构董事会成员。

《高等教育管理条例》2012：712

本条例自2013年1月2日起生效。

《高等教育管理条例》2013：32

本条例中与附件1相关的条款生效日期为2013年7月1日，其他条款生效日期为2013年3月1日。2013年3月1日前采用的保险政策受原有条款约束，直到保险政策失效为止。

《高等教育管理条例》2013：525

1. 本条例自2013年7月23日起生效。

2. 第一章第十一节第三条提供的保险应适用于2014年1月1日及以后。

3. 第五章第四节的新条款应适用于2013年12月31日之后开设的第三级项目。

《高等教育管理条例》2013：617

本条例中与附则2相关的条款自2013年8月1日起生效，其余条款自2014年1月1日起生效。

《高等教育管理条例》2013：695

本条例自2014年1月1日起生效。

《高等教育管理条例》2013：825695

本条例自2013年12月1日起生效。

《高等教育管理条例》2013：924

本条例自2014年1月1日起生效。

《高等教育管理条例》2013：1008

1. 本条例自2014年2月1日起生效。

2. 第七章第十八节、附则3以及《高等教育管理条例》（1993：100）修订条例过渡条款中新条款的第三条应适用于2014年8月15日之后开设的课程与专业首次招生。

《高等教育管理条例》2013：1118

1. 本条例自2014年2月1日起生效。

2. 早期的规定适用于2013年1月31日之后颁发的学前教育学士学位、职业高等教育学位、初等教育、中等教育、高中教育的文科/理科学士/硕士学位，倘若这些学位项目在该日期之前已完成并应学生要求获得了相应学位。该条款适用期截止到2021年6月底。

3. 依据原有条款，在2014年2月1日之前就读于学前教育学士学位、职业高等教育学位，初等教育、中等教育、高中教育的文科/理科学士/硕士学位项目的人员或在此之前被录取且被批准延期的人员有权继续完成学业并获得相应学位，但最迟不得晚于2021年6月底。

《高等教育管理条例》2013：1175

本条例自2014年3月1日起生效。

《高等教育管理条例》2014：3

1. 本条例自2014年2月15日起生效。

2. 本条例应适用于2013年12月31日之后设立的课程和专业。

3. 依据原有条款，已经就读于物理治疗师专业项目以及已经被该专业录取且被批准延期的人员有权继续完成学业并获得相应的学位，但最晚不得超过2017年年底。

《高等教育管理条例》2014：37

1. 本条例自2014年3月1日起生效。

2. 新条款应适用于2014年8月15日之后开设的课程与专业首次招生。

《高等教育管理条例》2014：125

本条例自2014年4月15日起生效。

《高等教育管理条例》2014：371

1. 本条例自2014年7月1日起生效。

2. 新条款中全部或部分关于实习的课程应适用于2014年12月底之后开设的幼儿教师、小学教师、中学或高中教师、职业教师学位项目。

《高等教育管理条例》2014：1012

本条例中与第一章第二十至第二十二节相关的条例自 2014 年 12 月 1 日起生效，其余条款生效日期为 2014 年 9 月 1 日。

《高等教育管理条例》2014：1096

本条例自 2014 年 10 月 21 日起生效。

注　释

第一章

[1] Convention on the Recognition of Qualifications Concerning Higher Education in the European Region 1997 [EB/OL]. [2016 - 04 - 30]. http://portal.unesco.org/en/ev.php-URL_ID = 13522&URL_DO = DO_TOPIC&URL_SECTION = 201.html.

[2] 胡焰初．欧洲地区高等教育相关资格认可公约 [J]. 武汉大学学报（哲学社会科学版），2007，60（1）：129 - 133.

[3] Sorbonne Joint Declaration, Joint Declaration on Harmonisation of the Architecture of the European Higher Education System [EB/OL]. [2016 - 05 - 01]. http://media.ehea.info/file/1998_Sorbonne/61/2/1998_Sorbonne_Declaration_English_552612.pdf.

[4] The Bologna Declaration of June 19, 1999, Joint Declaration of the European Ministers of Education [EB/OL]. [2016 - 05 - 01]. https://www.eurashe.eu/library/bologna_1999_bologna-declaration-pdf/.

[5] Towards the European Higher Education Area-Communiqué of the

Meeting of European Ministers in Charge of Higher Education in Prague on May 19, 2001 [EB/OL]. [2016 - 04 - 20]. http: // www. efos. unios. hr/arhiva/dokumenti/materijal2. pdf.

[6] Towards the European Higher Education Area-Communiqué of the Meeting of European Ministers in Charge of Higher Education in Prague on May 19, 2001 [EB/OL]. [2016 - 04 - 20]. http: // www. efos. unios. hr/arhiva/dokumenti/materijal2. pdf.

[7] Realising the European Higher Education Area-Communiqué of the Conference of Ministers Responsible for Higher Education in Berlin on September 19, 2003 [EB/OL]. [2016 - 04 - 29]. https: // www. eurashe. eu/library/modernising-phe/Bologna _ 2003 _ Berlin-Communique. pdf.

[8] The European Higher Education Area-Achieving the Goals Communiqué of the Conference of European Ministers Responsible for Higher Education, Bergen, May 19 - 20, 2005 [EB/OL]. [2016 - 04 - 29]. http: //media. ehea. info/file/2005_Bergen/52/0/2005_Bergen_Communique_english_580520. pdf.

[9] The European Higher Education Area-Achieving the Goals Communiqué of the Conference of European Ministers Responsible for Higher Education, Bergen, May 19 - 20, 2005 [EB/OL]. [2016 - 04 - 29]. http: //media. ehea. info/file/2005_Bergen/52/0/2005_Bergen_Communique_english_580520. pdf.

[10] London Communiqué-Towards the European Higher Education Area: Responding to Challenges in a Globalised World [EB/OL]. [2016 - 04 - 26]. https: //www. eurashe. eu/library/modernising-phe/Bologna_2007_London-Communique. pdf.

[11] London Communiqué-Towards the European Higher Education Area: Responding to Challenges in a Globalised World [EB/OL]. [2016-04-26]. https://www.eurashe.eu/library/modernising-phe/Bologna_2007_London-Communique.pdf.

[12] "The Bologna Process 2020 – The European Higher Education Area in the New Decade," Communiqué of the Conference of European Ministers Responsible for Higher Education, Leuven and Louvain-la-Neuve, April 28-29, 2009 [EB/OL]. [2016-03-21]. https://www.eurashe.eu/library/modernising-phe/Bologna_2009_Leuven-Communique.pdf.

[13] Budapest-Vienna Declaration on the European Higher Education Area [EB/OL]. [2016-03-20]. http://www.highereducation.ac.cy/pdf/budapest-Vienna_declaration.pdf.

[14] The European Higher Education Area-Achieving the Goals Communiqué of the Conference of European Ministers Responsible for Higher Education, Bergen, May 19-20, 2005 [EB/OL]. [2016-04-29]. http://media.ehea.info/file/2005_Bergen/52/0/2005_Bergen_Communique_english_580520.pdf.

[15] London Communiqué-Towards the European Higher Education Area: Responding to Challenges in a Globalised World [EB/OL]. [2016-04-26]. https://www.eurashe.eu/library/modernising-phe/Bologna_2007_London-Communique.pdf.

[16] 王新凤. 欧洲高等教育区域整合研究——聚焦博洛尼亚进程[M]. 北京：社会科学文献出版社，2013：60-61.

[17] Realising the European Higher Education Area-Communiqué of the Conference of Ministers Responsible for Higher Education in Berlin

on September 19, 2003 [EB/OL]. [2016-04-29]. https: //www. eurashe. eu/library/modernising-phe/Bologna_2003_Berlin-Communique. pdf.

[18] Standards and Guidelines for Quality Assurance in the European Higher Education Area (ESG) 2015 [EB/OL]. [2016-10-20]. http: //www. enqa. euwp-contentuploads201511ESG_2015. pdf.

[19] 王新凤. 欧洲高等教育区域整合研究——聚焦博洛尼亚进程 [M]. 北京：社会科学文献出版社，2013：77-78.

[20] The Swedish Higher Education Authority. Higher Education in Sweden—2016 Status Report (Report 2016: 11) [R]. 2016: 13.

[21] Lane J. E. Against Administration [J]. Studies in Higher Education, 1987, 12 (3): 238-239.

[22] The Swedish Higher Education Authority. Higher Education in Sweden—2016 Status Report (Report 2016: 11) [R]. 2016: 14.

[23] 朱玠. 瑞典高等教育质量保证体系及其特征 [J]. 外国教育研究，2012，39 (12)：107-109.

[24] The Swedish Higher Education Authority. Higher Education in Sweden—2016 Status Report (Report 2016: 11) [R]. 2016: 15.

[25] 杨建华. 博洛尼亚进程下的瑞典高等教育变革 [J]. 高等理科教育，2008 (3)：99.

[26] 徐晓红. 瑞典高等教育国际化发展举措、特点及启示 [J]. 中国成人教育，2014 (1)：118.

第二章

[1] 中华人民共和国驻瑞典大使馆网站．瑞典国家概况［EB/OL］.［2016－06－14］. http：//www. fmprc. gov. cn/web/gjhdq_676201/gj_676203/oz_678770/1206_679594/1206x0_679596/.

[2] The History of Higher Education in Sweden［EB/OL］.［2016－03－15］. http：//english. uka. se/higher-education-system/the-history-of-higher-education-in-sweden. html.

[3] The History of Higher Education in Sweden［EB/OL］.［2016－03－15］. http：//english. uka. se/higher-education-system/the-history-of-higher-education-in-sweden. html.

[4] The History of Higher Education in Sweden［EB/OL］.［2016－03－15］. http：//english. uka. se/higher-education-system/the-history-of-higher-education-in-sweden. html.

[5] The Swedish Higher Education Authority. Higher Education in Sweden—2016 Status Report［R］. 2016：13.

[6] The Swedish Higher Education Authority. Higher Education in Sweden—2016 Status Report［R］. 2016：14.

[7] Higher Education Institutions［EB/OL］.［2016－06－14］. http：//english. hsv. se/higher-education-system/higher-education-institutions. html.

[8] Higher Education Institutions［EB/OL］.［2016－06－12］. http：//english. hsv. se/higher-education-system/higher-education-institutions. html.

[9] Swedish Higher Education Authority［EB/OL］.［2016－06－01］.

http：//english. uka. se/about-us/what-we-do. html.

[10] The Swedish Council for Higher Education [EB/OL]. [2016 - 06 - 01]. https：//www. uhr. se/en/start/about-the-council/.

[11] The Higher Education Appeals Board [EB/OL]. [2016 - 06 - 01]. http：//www. onh. se/
inenglish. 4. 5ebc88b114604f98b18d2bb. html.

[12] Swedish National Agency for Education [EB/OL]. [2016 - 06 - 05]. http：//skolverket. se/om-skolverket/andra-sprak-och-lattlast/in-english.

[13] Swedish Research Council [EB/OL]. [2016 - 06 - 15]. http：//english. hsv. se/higher-education-system/agencies-involved-in-higher-education. html.

[14] CSN [EB/OL]. [2016 - 06 - 02]. http：//www. csn. se.

[15] Om SI [EB/OL]. [2016 - 06 - 02]. https：//si. se/om-si/.

[16] The Swedish Higher Education Authority. Higher Education in Sweden—2016 Status Report (Report 2016：11) [R]. 2016：26.

[17] The Swedish Higher Education Authority. Higher Education in Sweden—2016 Status Report (Report 2016：11) [R]. 2016：26.

[18] The Swedish Higher Education Authority. Higher Education in Sweden—2016 Status Report (Report 2016：11) [R]. 2016：38.

[19] The Swedish Higher Education Authority. Higher Education in Sweden—2016 Status Report (Report 2016：11) [R]. 2016：39.

[20] The Swedish Higher Education Authority. Higher Education in Sweden—2016 Status Report (Report 2016：11) [R]. 2016：20 - 23.

[21] The Swedish Higher Education Authority. Higher Education in Swe-

den—2016 Status Report（Report 2016：11）［R］. 2016：23.
［22］The Swedish Higher Education Authority. Higher Education in Sweden—2016 Status Report（Report 2016：11）［R］. 2016：24－25.
［23］The Swedish Higher Education Authority. Higher Education in Sweden—2016 Status Report（Report 2016：11）［R］. 2016：37.
［24］The Swedish Higher Education Authority. Higher Education in Sweden—2016 Status Report（Report 2016：11）［R］. 2016：29.
［25］The Swedish Higher Education Authority. Higher Education in Sweden—2016 Status Report（Report 2016：11）［R］. 2016：30.
［26］The Swedish Higher Education Authority. Higher Education in Sweden—2016 Status Report（Report 2016：11）［R］. 2016：39.
［27］The Swedish Higher Education Authority. Higher Education in Sweden—2016 Status Report（Report 2016：11）［R］. 2016：31.
［28］The Swedish Higher Education Authority. Higher Education in Sweden—2016 Status Report（Report 2016：11）［R］. 2016：40.
［29］The Swedish Higher Education Authority. Higher Education in Sweden—2016 Status Report（Report 2016：11）［R］. 2016：34－35.
［30］The Swedish Higher Education Authority. Higher Education in Sweden—2016 Status Report（Report 2016：11）［R］. 2016：45－46.
［31］The Swedish Higher Education Authority. Higher Education in Sweden—2016 Status Report（Report 2016：11）［R］. 2016：47－49.
［32］The Swedish Higher Education Authority. Higher Education in Swe-

den—2015 Status Report（Report 2015：11）[R]. 2015：51.

[33] The Swedish Higher Education Authority. Higher Education in Sweden—2015 Status Report（Report 2015：11）[R]. 2015：49－52.

[34] The Swedish Higher Education Authority. Higher Education in Sweden—2015 Status Report（Report 2015：11）[R]. 2015：53－56.

[35] 陈芳吟. 瑞典高等教育政策转变之分析[J]. 教育资料集刊——2012年各国高等教育，2012：148－149.

[36] 陈芳吟. 瑞典高等教育政策转变之分析[J]. 教育资料集刊——2012年各国高等教育，2012：150.

[37] National Agency for Higher Education. Swedish Universities & University Colleges 1995 & 1996—Short Version of Annual Report [R]. 1997：4－6.

[38] 陈芳吟. 瑞典高等教育政策转变之分析[J]. 教育资料集刊——2012年各国高等教育，2012：152－153.

[39] Higher Education System [EB/OL]. [2016－04－02]. http：//english. uka. se/higher-education-system/overall-responsibility-and-regulations. html.

[40] Laws and Regulations [EB/OL]. [2016－05－01]. https：//www. uhr. se/en/start/laws-and-regulations/.

[41] The Swedish Higher Education Act [EB/OL]. [2016－05－01]. https：//www. uhr. se/en/start/laws-and-regulations/Laws-and-regulations/The-Swedish-Higher-Education-Act/.

[42] The Higher Education Ordinance [EB/OL]. [2016－05－01]. https：//www. uhr. se/en/start/laws-and-regulations/Laws-and-re

gulations/The-Higher-Education-Ordinance/.

[43] National Agency for Higher Education. Swedish Universities & University Colleges—Short Version of Annual Report 2002 [R]. 2002：16 - 17.

[44] Our-Programmes-from-A-to-Z [EB/OL]. [2016 - 04 - 16]. http：//utbyten. se/sv/Container/Topplankar/Our-programmes-from-A-to-Z/.

[45] International Cooperation [EB/OL]. [2016 - 05 - 08]. http：//english. uka. se/about-us/international-cooperation. html.

[46] The Swedish Higher Education Authority. Higher Education in Sweden—2016 Status Report (Report 2016：11) [R]. 2016：40 - 45.

[47] The Swedish Higher Education Authority. Higher Education in Sweden—2016 Status Report (Report 2016：11) [R]. 2016：52 - 53.

第三章

[1] 王新凤．欧洲高等教育区域整合研究——聚焦博洛尼亚进程[M]．北京：社会科学文献出版社，2013：128.

[2] 王新凤．欧洲高等教育区域整合研究——聚焦博洛尼亚进程[M]．北京：社会科学文献出版社，2013：129.

[3] About the REF [EB/OL]. [2016 - 12 - 15]. http：//www. ref. ac. uk/about/.

[4] 王新凤．欧洲高等教育区域整合研究——聚焦博洛尼亚进程[M]．北京：社会科学文献出版社，2013：130.

[5] 王新凤．欧洲高等教育区域整合研究——聚焦博洛尼亚进程[M]．北京：社会科学文献出版社，2013：131.

[6] Standards and Guidelines for Quality Assurance in the European Higher Education Area（ESG）[R]. Belgium：Brussels，2015：11－16.

[7] Standards and Guidelines for Quality Assurance in the European Higher Education Area（ESG）[R]. Belgium：Brussels，2015：18－20.

[8] Standards and Guidelines for Quality Assurance in the European Higher Education Area（ESG）[R]. Belgium：Brussels，2015：22－24.

[9] The Swedish Higher Education Authority. Evaluating Higher Education Outcomes—Reflections on the Swedish Evaluation System（Report 2014：12）[R]. 2014：7－9.

[10] The Swedish Higher Education Authority. Evaluating Higher Education Outcomes—Reflections on the Swedish Evaluation System（Report 2014：12）[R]. 2014：6－7.

[11] Quality Assurance of Higher Education [EB/OL]. [2016－02－15]. http：//english. uka. se/quality-assurance/quality-assurance-of-higher-education. html.

[12] The Swedish Higher Education Authority. National System for Quality Assurance of Higher Education—Presentation of a Government Assignment（Report 2016：15）[R]. 2016：18－19.

[13] The Swedish Higher Education Authority. National System for Quality Assurance of Higher Education—Presentation of a Government Assignment（Report 2016：15）[R]. 2016：30－33.

[14] The Swedish Higher Education Authority. National System for Quality Assurance of Higher Education—Presentation of a Government Assignment（Report 2016：15）[R]. 2016：34 –37.

[15] The Swedish Higher Education Authority. National System for Quality Assurance of Higher Education—Presentation of a Government Assignment（Report 2016：15）[R]. 2016：28 –29.

[16] The Swedish Higher Education Authority. National System for Quality Assurance of Higher Education—Presentation of a Government Assignment（Report 2016：15）[R]. 2016：38.

[17] The Swedish Higher Education Authority. Evaluating Higher Education Outcomes—Reflections on the Swedish Evaluation System（Report 2014：12）[R]. 2014：10 –13.

[18] 朱玠. 瑞典高等教育质量保证体系及其特征 [J]. 外国教育研究，2012，39（12）：107 –109.

[19] The Swedish Higher Education Authority. Evaluating Higher Education Outcomes—Reflections on the Swedish Evaluation System（Report 2014：12）[R]. 2014：5.

[20] The Swedish Higher Education Authority. Evaluating Higher Education Outcomes—Reflections on the Swedish Evaluation System（Report 2014：12）[R]. 2014：13 –14.

[21] International Cooperation on Quality Assurance in Higher Education [EB/OL]. [2016 –02 –17]. http：//english. uka. se/quality-assurance/international-principles-for-quality-assurance-and-enqa/international-cooperation-on-quality-assurance-in-higher-education. html.

第四章

[1] Realising the European Higher Education Area-Communiqué of the Conference of Ministers Responsible for Higher Education in Berlin on September 19, 2003 [EB/OL]. [2016 - 04 - 29]. https://www.eurashe.eu/library/modernising-phe/Bologna_2003_Berlin-Communique.pdf.

[2] The European Higher Education Area-Achieving the Goals Communiqué of the Conference of European Ministers Responsible for Higher Education, Bergen, May 19 - 20, 2005 [EB/OL]. [2016 - 04 - 29]. http://media.ehea.info/file/2005_Bergen/52/0/2005_Bergen_Communique_english_580520.pdf.

[3] London Communiqué-Towards the European Higher Education Area: Responding to Challenges in a Globalised World [EB/OL]. [2016 - 04 - 26]. https://www.eurashe.eu/library/modernising-phe/Bologna_2007_London-Communique.pdf.

[4] Bologna Seminar on Doctoral Programmes for the European Knowledge Society [R]. Salzburg, 2005.

[5] 王新凤．欧洲高等教育区域整合研究——聚焦博洛尼亚进程[M]．北京：社会科学文献出版社，2013：197 - 198.

[6] The Swedish Higher Education Authority. Self-Evaluation Report of Third-Cycle Programmes [R]. 2015: 21 - 22.

[7] Chalmers University of Technology. Rules of Procedure-Doctoral Programmes [R]. 2015: 6 - 9.

[8] Chalmers University of Technology. Rules of Procedure-Doctoral Pro-

grammes [R]. 2015: 1-4.

[9] Chalmers University of Technology. Rules of Procedure-Doctoral Programmes [R]. 2015: 4-5.

[10] Chalmers University of Technology. Rules of Procedure-Doctoral Programmes [R]. 2015: 5-6.

[11] 赵硕. 别具一格的瑞典研究生教育特色与启示 [J]. 学位与研究生教育, 2010: 70-74.

[12] Chalmers University of Technology. Rules of Procedure-Doctoral Programmes [R]. 2015: 11-12.

[13] 赵硕. 别具一格的瑞典研究生教育特色与启示 [J]. 学位与研究生教育, 2010: 70-73.

[14] Chalmers University of Technology. Rules of Procedure-Doctoral Programmes [R]. 2015: 11-12.

[15] Chalmers University of Technology. Rules of Procedure-Doctoral Programmes [R]. 2015: 11-12.

[16] Carlo. S. Higher Education in Sweden [R]. Stockholm: CHEPS-Higher Education Monitor, Country Report, 2008: 48-54.

[17] Chalmers University of Technology. Rules of Procedure-Doctoral Programmes [R]. 2015: 11-13.

[18] 赵硕. 别具一格的瑞典研究生教育特色与启示 [J]. 学位与研究生教育, 2010: 73.

[19] Chalmers University of Technology. Rules of Procedure-Doctoral Programmes [R]. 2015: 14-15.

[20] Chalmers University of Technology. Rules of Procedure-Doctoral Programmes [R]. 2015: 7-8.

[21] The Swedish Higher Education Authority. Guidelines for the Evalua-

tion of Third-Cycle Programmes [R]. 2016: 8 -9.

[22] The Swedish Higher Education Authority. Guidelines for the Evaluation of Third-Cycle Programmes [R]. 2016: 9 -10.

[23] The Swedish Higher Education Authority. Guidelines for the Evaluation of Third-Cycle Programmes [R]. 2016: 10.

[24] The Swedish Higher Education Authority. Guidelines for the Evaluation of Third-Cycle Programmes [R]. 2016: 19 -20.

[25] The Swedish Higher Education Authority. Guidelines for the Evaluation of Third-Cycle Programmes [R]. 2016: 18.

[26] The Swedish Higher Education Authority. Guidelines for the Evaluation of Third-Cycle Programmes [R]. 2016: 17.

[27] The Swedish Higher Education Authority. Guidelines for the Evaluation of Third-Cycle Programmes [R]. 2016: 22 -24.

[28] The Swedish Higher Education Authority. Guidelines for the Evaluation of Third-Cycle Programmes [R]. 2016: 28.

[29] The Swedish Higher Education Authority. Guidelines for the Evaluation of Third-Cycle Programmes [R]. 2016: 11 -14.

[30] The Swedish Higher Education Authority. Guidelines for the Evaluation of Third-Cycle Programmes [R]. 2016: 14 -15.

[31] The Swedish Higher Education Authority. Guidelines for the Evaluation of Third-Cycle Programmes [R]. 2016: 15.

[32] The Swedish Higher Education Authority. Guidelines for the Evaluation of Third-Cycle Programmes [R]. 2016: 15.

[33] The Swedish Higher Education Authority. Guidelines for the Evaluation of Third-Cycle Programmes [R]. 2016: 16.

参考文献

一、著作类

[1] 付红，聂名华，徐田柏．中国高等教育——国际化的风险及对策研究［M］. 北京：人民出版社，2015.

[2] 简·奈特．潮流中的高等教育——国际化变革与发展［M］. 刘东风，陈巧云，译．北京：北京大学出版社，2011.

[3] 刘金辉，刘志平．高等教育中外合作办学研究［M］. 广州：广东高等教育出版社，2010.

[4] 马健生．高等教育质量保证体系的国际比较研究［M］. 北京：北京师范大学出版社，2014.

[5] 吴坚．当代高等教育国际化发展［M］. 北京：人民出版社，2009.

[6] 王新凤．欧洲高等教育区域整合研究——聚焦博洛尼亚进程［M］. 北京：社会科学文献出版社，2013.

[7] 杨启光．教育国际化——进程与发展模式［M］. 北京：社会科学文献出版社，2011.

[8] 周叶中，程斯辉．研究生培养模式改革研究［M］. 北京：人民

教育出版社，2013.
[9] 祝怀新. 面向现代化：澳大利亚高等教育研究［M］. 杭州：浙江大学出版社，2009.

二、研究报告类

[1] Bologna Seminar on Doctoral Programmes for the European Knowledge Society［R］. Salzburg，2005.
[2] The Swedish Higher Education Authority. Evaluating Higher Education Outcomes—Reflections on the Swedish Evaluation System（Report 2014：12）［R］. 2014.
[3] The Swedish Higher Education Authority. The Effects of Programme Evaluations—An Analysis of the Effects of the National Evaluation System 2011—2014（Report 2015：21）［R］. 2015.
[4] The Swedish Higher Education Authority. Guidelines for the Evaluation of Third-Cycle Programmes［R］. 2016.
[5] The Swedish Higher Education Authority. Higher Education in Sweden—2013 Status Report（Report 2013：3）［R］. 2013.
[6] The Swedish Higher Education Authority. Higher Education in Sweden—2014 Status Report（Report 2014：10）［R］. 2014.
[7] The Swedish Higher Education Authority. Higher Education in Sweden—2015 Status Report（Report 2015：16）［R］. 2015.
[8] The Swedish Higher Education Authority. Higher Education in Sweden—2016 Status Report（Report 2016：11）［R］. 2016.
[9] The Swedish Higher Education Authority. National System for Quality Assurance of Higher Education—Presentation of a Government As-

signment（Report 2016：15）［R］. 2016.

［10］The Swedish Higher Education Authority. Postgraduate Student Mirror (Summary in English，Report 2016：18）［R］. 2016.

［11］Chalmers University of Technology. Rules of Procedure-Doctoral Programmes［R］. 2015.

［12］The Swedish Higher Education Authority. Self-Evaluation Report of Third-Cycle Programmes［R］. 2015.

［13］Standards and Guidelines for Quality Assurance in the European Higher Education Area（ESG）［R］. Belgium：Brussels，2015.

［14］Swedish National Agency for Higher Education. Swedish Universities & University Colleges 1995/96［R］. 1997.

［15］Swedish National Agency for Higher Education. Swedish Universities & University Colleges，Short Version of Annual Report 2002［R］. 2002.

［16］Swedish National Agency for Higher Education. Swedish Universities & University Colleges，Short Version of Annual Report 2006（Report 2006：38R）［R］. 2006.

［17］Swedish National Agency for Higher Education. Swedish Universities & University Colleges，Short Version of Annual Report 2007（Report 2007：53R）［R］. 2007.

［18］Swedish National Agency for Higher Education. Swedish Universities & University Colleges，Short Version of Annual Report 2008（Report 2008：29R）［R］. 2008.

［19］Swedish National Agency for Higher Education. Swedish Universities & University Colleges，Short Version of Annual Report 2009（Report 2009：23R）［R］. 2009.

［20］Swedish National Agency for Higher Education. Swedish Universities & University Colleges，Short Version of Annual Report 2010（Report 2010：13R）［R］. 2010.

［21］Swedish National Agency for Higher Education. Swedish Universities & University Colleges，Short Version of Annual Report 2011（Report 2011：15R）［R］. 2011.

［22］Swedish National Agency for Higher Education. Swedish Universities & University Colleges，Short Version of Annual Report 2012（Report 2012：18R）［R］. 2012.

［23］The Swedish Higher Education Authority. The Swedish National Agency for Higher Education's Quality Evaluation System 2011—2014（Report 2011：3R）［R］. 2011.

三、期刊类

［1］蔡瑜琢．高等教育政策分析方法研究［J］．高等工程教育研究，2004（4）：47－51.

［2］陈芳吟．瑞典高等教育政策转变之分析［J］．教育资料集刊——2012 年各国高等教育，2012（56）：148－149.

［3］郭朝红．芬兰、瑞典高等教育外部质量保障经验考察［J］．世界教育信息，2011（1）：59－63.

［4］郭绪强，段爱军．研究生教育国际化培养模式探索及平台建设战略［J］．石油教育，2012（4）：49－51.

［5］洪成文．北欧高等教育质量评估制度比较研究——寻求高校内外部需求的平衡［J］．外国教育研究，2002，29（6）：32－37.

［6］侯威．北欧五国高等教育质量保证机制概述［J］．比较教育研

究，2003（8）：26－30.
［7］胡焰初．欧洲地区高等教育相关资格认可公约［J］．武汉大学学报（哲学社会科学版），2007，60（1）：129－133.
［8］刘常庆．瑞典高等教育质量审计和学科专业评估［J］．高教发展与评估，2008，24（1）：88－92.
［9］杨天平，金如意．博洛尼亚进程论述［J］．华东师范大学学报（教育科学版），2009，27（1）：9－22.
［10］荣军，李岩．澳大利亚研究生国际化培养模式及其启示［J］．中国科技信息，2010（20）：272－274.
［11］沈敏光．北欧四国高等教育考察报告［J］．宁波大学学报（教育科学版），2005，25（6）：1－4.
［12］王剑波．瑞典高等教育公共教育体制的特点及启示［J］．山东社会科学，2010（9）：161－165.
［13］王立良，崔晓敏．北欧五国高等教育国际化探析［J］．理工高教研究，2006，25（6）：26－28.
［14］王涛．欧洲博士教育的博洛尼亚进程：一体化与国际化［J］．研究生教育研究，2012（6）：77－83.
［15］王艳玲．20世纪末英国与瑞典高等教育改革比较探析［J］．肇庆学院学报，35（3）：55－59.
［16］谢慧芳．瑞典的高等教育——历史与现状探讨［J］．外国教育资料，2000（5）：43－46.
［17］徐亮．瑞典高等教育的U－68改革研究［J］．煤炭高等教育，2012，30（6）：50－52.
［18］徐晓红．瑞典高等教育国际化发展举措、特点及启示［J］．中国成人教育，2012（7）：118.
［19］徐晓红．欧洲教育一体化背景下瑞典高等教育质量评估体系最

新变革与启示［J］. 高教探索，2014（1）：100－104.
［20］杨建华. 博洛尼亚进程下的瑞典高等教育变革［J］. 高等理科教育，2008（3）：99.
［21］杨建华，薛二勇. 瑞典高等教育的改革［J］. 高教探索，2007（5）：78－81.
［22］杨天平，金如意. 博洛尼亚进程论述［J］. 华东师范大学学报（教育科学版），2009，27（1）：9－22.
［23］赵硕. 别具一格的瑞典研究生教育特色与启示［J］. 学位与研究生教育，2010（3）：70－74.
［24］张苗苗，韦理. 瑞典高等教育质量保障体系及启示［J］. 中国民族教育，2008（3）：41－43.
［25］朱玠. 瑞典高等教育质量保证体系及其特征［J］. 外国教育研究，2012，39（12）：107－109.
［26］Bjorn Stensaker. External Quality Auditing in Sweden：Are Departments Affected?［J］. Higher Education Quarterly，1999，53（4）：353－368.
［27］Lane J. E. Against Administration［J］. Studies in Higher Education，1987，12（3）：238－239.

四、电子文献类

［1］中华人民共和国驻瑞典大使馆网站. 瑞典国家概况［EB/OL］.［2016－06－14］. http：//www.fmprc.gov.cn/web/gjhdq_676201/gj_676203/oz_678770/1206_679594/1206x0_679596/.
［2］Budapest-Vienna Declaration on the European Higher Education Area［EB/OL］.［2016－03－20］. http：//www.highereducation.ac.cy/

pdf/budapest-Vienna_declaration. pdf.

[3] Bologna Process Coordination Group for Qualifications Framework, Report on Qualifications Framework [EB/OL]. [2016-06-01]. http://media. ehea. info/file/2009_Leuven_Louvain-la-Neuve/91/4/2009_QF_CG_report_594914. pdf.

[4] Convention on the Recognition of Qualifications Concerning Higher Education in the European Region 1997 [EB/OL]. [2016-04-30]. http://portal. unesco. org/en/ev. php-URL_ID=13522&URL_DO=DO_TOPIC&URL_SECTION=201. html.

[5] CSN [EB/OL]. [2016-06-02]. http://www. csn. se.

[6] Higher Education Institutions [EB/OL]. [2016-06-12]. http://english. hsv. se/higher-education-system/higher-education-institutions. html.

[7] Higher Education System [EB/OL]. [2016-04-02]. http://english. uka. se/higher-education-system/overall-responsibility-and-regulations. html.

[8] International Cooperation [EB/OL]. [2016-05-08]. http://english. uka. se/about-us/international-cooperation. html.

[9] International Cooperation on Quality Assurance in Higher Education [EB/OL]. [2016-02-17]. http://english. uka. se/quality-assurance/international-principles-for-quality-assurance-and-enqa/international-cooperation-on-quality-assurance-in-higher-education. html.

[10] Goals and Visions [EB/OL]. [2016-10-08]. http://www. government. se/government-policy/education-and-research/goals-and-visions.

[11] Laws and Regulations [EB/OL]. [2016-05-01]. https://

www. uhr. se/en/start/laws-and-regulations/.

[12] London Communiqué-Towards the European Higher Education Area: Responding to Challenges in a Globalised World [EB/OL]. [2016 - 04 - 26]. https: //www. eurashe. eu/library/modernising-phe/Bologna_2007_London-Communique. pdf.

[13] Om SI [EB/OL]. [2016 - 06 - 02]. https: //si. se/om-si/.

[14] Our-Programmes-from-A-to-Z [EB/OL]. [2016 - 04 - 16]. http: //utbyten. se/sv/Container/Topplankar/Our-programmes-from-A-to-Z/.

[15] Quality Assurance of Higher Education [EB/OL]. [2016 - 02 - 15]. http: //english. uka. se/quality-assurance/quality-assurance-of-higher-education. html.

[16] Realising the European Higher Education Area-Communiqué of the Conference of Ministers Responsible for Higher Education in Berlin on September 19, 2003 [EB/OL]. [2016 - 04 - 29]. https: //www. eurashe. eu/library/modernising-phe/Bologna_2003_Berlin-Communique. pdf.

[17] Swedish National Agency for Education [EB/OL]. [2016 - 06 - 05]. http: //skolverket. se/om-skolverket/andra-sprak-och-lattlast/in-english.

[18] Swedish Research Council [EB/OL]. [2016 - 06 - 15]. http: //english. hsv. se/higher-education-system/agencies-involved-in-higher-education. html.

[19] Sorbonne Joint Declaration, Joint Declaration on Harmonisation of the Architecture of the European Higher Education System [EB/OL]. [2016 - 05 - 01]. http: //media. ehea. info/file/1998_Sor-

bonne/61/2/1998_Sorbonne_Declaration_English_552612. pdf.

[20] Swedish Council for Higher Education [EB/OL]. [2016 – 06 – 01]. https: //www. uhr. se/en/start/about-the-council/.

[21] Swedish Higher Education Authority [EB/OL]. [2016 – 06 – 01]. http: //english. uka. se/about-us/what-we-do. html.

[22] The Bologna Declaration of June 19, 1999, Joint Declaration of the European Ministers of Education [EB/OL]. [2016 – 05 – 01]. https: //www. eurashe. eu/library/bologna_1999_bologna-declaration-pdf/.

[23] The Bologna Process 2020 – The European Higher Education Area in the New Decade, Communiqué of the Conference of European Ministers Responsible for Higher Education, Leuven and Louvain-la-Neuve, April 28 – 29, 2009 [EB/OL]. [2016 – 03 – 21]. https: //www. eurashe. eu/library/modernising-phe/Bologna_2009_Leuven-Communique. pdf.

[24] The European Higher Education Area-Achieving the Goals Communiqué of the Conference of European Ministers Responsible for Higher Education, Bergen, May 19 – 20, 2005 [EB/OL]. [2016 – 04 – 29]. http: //media. ehea. info/file/2005_Bergen/52/0/2005_Bergen_Communique_english_580520. pdf.

[25] The History of Higher Education in Sweden [EB/OL]. [2016 – 03 – 15]. http: //english. uka. se/higher-education-system/the-history-of-higher-education-in-sweden. html.

[26] The Higher Education Appeals Board [EB/OL]. [2016 – 06 – 01]. http: //www. onh. se/inenglish. 4. 5ebc88b114604f98b18d2bb. html.

[27] The Higher Education Ordinance [EB/OL]. [2016 – 05 – 01].

https：//www. uhr. se/en/start/laws-and-regulations/Laws-and-regulations/The-Higher-Education-Ordinance/.

[28] The Swedish Higher Education Act [EB/OL]. [2016-05-01]. https：//www. uhr. se/en/start/laws-and-regulations/Laws-and-regulations/The-Swedish-Higher-Education-Act/.

[29] Towards the European Higher Education Area-Communique of the meeting of European Ministers in Charge of Higher Education in Prague on May 19, 2001 [EB/OL]. [2016-04-20]. http：//www. efos. unios. hr/arhiva/dokumenti/materijal2. pdf.

后　记

本书是我多年来关注高等教育国际化和瑞典高等教育的阶段性成果，也是对六年来从事北欧国际交流合作工作的总结。作为一名高校外事工作者，在与国外高校进行交流时，时刻感受着文化的交融和理念的碰触，每一次与国外高校的交流都是一次学习。为了使自己在国际交往中能够掌握更多的主动权，为学校教师和学生争取更多的国际交流机会，我一直在努力追寻高等教育国际化研究的理论前沿，并深入了解所交流国家的教育体制。北欧是北京理工大学国际交流合作的重要平台之一，而瑞典作为北欧高等教育的领先者，自然成了我工作中首要关注的对象。无论是通过文献研究，还是与瑞典高校同仁的交流讨论，都让我对瑞典高等教育产生了极大的兴趣。于是，我就有了写一本著作，总结一下自己对瑞典高等教育认识和理解的冲动。

本书从收集文献资料到成书历时两年有余，期间所历经的彷徨与茅塞顿开自不用言说。本书尝试对瑞典高等教育进行系统而全面的介绍分析，然而因本人水平有限，加之时间仓促，尽管做了很大努力，但书中难免会有错漏和不足，恳请各位读者不吝赐教。

本书的写作参阅了国内外众多学者的研究成果，特别是瑞典高等教育署发布的有关瑞典高等教育的年度报告，在此向他们表示衷心的感谢！

本书为北京理工大学2014年教研教改重点项目“中瑞一流理工科大学研究生教育国际化比较研究”成果之一。在本书即将出版之际，首先感谢北京理工大学研究生院给予的经费资助使得本书的出版成为可能。我还要特别感谢北京理工大学王庆林教授、唐水源教授、唐胜景教授、刘向东教授、魏雪霞教授，他们超前的高等教育国际化理念和丰富的国际交流经验，给我的写作带来了极大的启示。此外，我还要感谢瑞典皇家理工学院国际事务办公室中国关系顾问王逊博士给予我在理解瑞典高等教育制度疑难问题方面的解答，同时感谢北京理工大学出版社刘兴春老师以及其他编辑同志对本书出版的大力支持！

最后，我要感谢我的家人和朋友，是他们的支持和理解，使我克服了种种困难，完成了本书的初稿。

谨以此书，献给我的师长、我的父母、我的爱人和我的女儿。

孟毓焕

2017年2月于北京